그 질문에 왜 아무 말도 못 했을까?

그 질문에 왜 Why 아무 말도 못 했을까?

최원석 지음

북클라우드

들어가며 | 흑백논리에 지친 회색인간을 위한 안내서　　　　　8

Part 1

그때는 틀리고 지금은 맞다

차별과 구별의 다름을 생각하다	20
분리하되 평등하다	21
정치적 올바름에 대하여	25
사회적 프레임이 만들어낸 고정관념	28
과학적 사실에도 의심이 필요하다	30
기적의 감미료가 추락한 이유	31
과학도 결국은 프레임일 뿐	33
섣부른 판단이 불러일으킨 참사	37
참새를 적으로 만든 마오쩌둥	37
편향적인 주장이 만든 최악의 결과	41
편향은 선악을 가리지 않는다	43
팩트와 스토리를 구분하는 힘	46
효과 빠른 만능 살충제의 등장	46
침묵의 봄이 남긴 것	50
DDT는 부정해야 할 절대악인가	54
노벨상 수상자는 왜 그린피스와 싸우는가	57
옳음과 적합함의 불균형	62
친환경에너지에 계산기를 들이대다	63
친환경에너지의 조건	66
사회적 합의가 필요하다	69
친환경에너지는 정말 친환경적인가	72
What do you think? 無MSG는 건강에 이로운가	75

Part 2

합리적으로 의심하기 _인문 사고 1

영업 비밀은 보호되어야 하는가	82
영업 비밀의 보호 vs 직업 선택의 자유	83
실리콘밸리가 매사추세츠를 뛰어넘은 비밀	85
왜 그들은 지식재산권을 포기하는가	89
나누면 시장은 커진다	92
인내심은 달콤한 성공을 부르는가	95
마시멜로 이야기 신드롬	96
개인의 자질인가 환경적 영향인가	99
믿고 싶은 것을 의심하는 힘	102
시스템은 어떻게 만들어지는가	105
쥐의 사회로 본 조직의 위계질서	106
시스템에 종속되지 않으려면	110
소신 없는 복종도 죄가 된다	112
썩은 사과 상자가 사과를 썩게 한다	113
나는 명령에 따랐을 뿐이다	117
악당도 영웅도 모두 평범한 사람일 뿐	119
관료주의의 비용	123
목적을 잃은 시스템이 낳은 관료주의	124
영국이 140년 동안 도버해협을 지킨 이유	127
시스템의 안팎에서 의심하라	128
What do you think? 나우루공화국은 왜 추락했나	130

Part 3 도전적인 질문들 _ 인문 사고 2

청소년의 흡연과 자위를 막아야 할까	138
청소년에게 주어진 권리와 의무	139
보호인가 자유의 구속인가	141
국가는 어디까지 개인을 통제할 수 있는가	148
좌파와 우파는 어떻게 나뉘는가	152
자코뱅과 지롱드	152
볼셰비키와 멘셰비키	155
보수와 진보의 고정적인 이미지에서 벗어나기	157
링컨은 좌파인가, 우파인가	158
진영을 넘어 국가를 생각하다	163
범죄는 엄벌이 최선인가	167
처벌을 강화하면 범죄는 없어질까	168
범죄 도시가 된 캘리포니아	171
깨진 유리창 이론과 범죄 예방	174
누군가 나를 지켜보고 있다	177
법이 사회를 바꿀 수 있을까	181
왜 여성운동가는 금주운동을 벌였나	182
법의 허점을 노리는 사람들	184
법의 풍선효과	189
조선인 BC급 전범은 가해자인가	191
자발적으로 전범이 된 사람들	192
시대에 떠밀려 전범이 된 사람들	195
흑백논리가 위험한 이유	199
What do you think? 법치주의와 민주주의는 동의어인가	202

Part 4 관찰은 혁신을 낳는다 _인문 사고 3

지식인은 둥지를 틀지 않는다	210
지드, 이상국가 소련을 가다	212
자신의 잘못을 인정하고 고치는 용기	213
원하는 모습이 아닌 사실 그대로를 보다	218
제임스 쿡 선장이 살린 선원들	220
관찰과 실험으로 찾은 괴혈병 치료법	221
새로운 지식을 실천하는 힘	223
작은 발견도 놓치지 말라	229
안개를 관찰해 에어컨을 발명하다	229
가장 필요한 곳에 필요한 것을	233
해시계로 측정한 지구 둘레	238
이념이 관찰의 우위에 선 암흑 시대	241
What do you think? '행복했던 과거'란 현실도피의 수단일까	246

Part 5 이 시대에 필요한 사고법

창의성의 의미도 시대에 따라 변화한다	252
충직함과 창의성이 동의어였을 때	253
창의성은 질문에서 나온다	255
판단을 내리기 전에 해야 할 일	261
유대인이라서 덮어쓴 누명	262
진실을 파헤칠 가능성을 포착하다	265
정보를 있는 그대로 받아들이기	268
카더라 통신에 휘둘리지 않는 법	271
갈대처럼 살자	275
생존을 위한 갈대의 변화 전략	276
익숙함과의 이별	279
참고문헌	282

들어가며

흑백논리에 지친
회색인간을 위한 안내서

최인훈의 소설 〈광장〉의 주인공 이명준과 조정래의 소설 《태백산맥》의 주인공 김범우는 서로 닮았다. 두 소설은 6.25 전후 좌우 대립이 극심했던 우리 역사를 배경으로 하는 작품이다. 소설의 두 주인공은 이념 충돌의 시대 상황에서도 중립을 지키려고 애썼던 인물들이다. 그들은 각 진영의 문제점을 알면서도 어쩔 수 없이 어느 한쪽 편을 선택했던 다른 지식인과 달리, 정해진 길을 가기를 거부하고 중립지대 buffer zone에 남았다. 그들은 결국 제3세계로 가는 배에서 바다로 투신하거나(이명준), 민족주의자로서 어느 진영에도 편입되지 못하고 역사의 뒤안길로 사라지는(김범우) 운명을 맞는다.

 아마도 두 사람의 운명은 오늘날에도 마찬가지일 것이다. 지금도 우리 사회는 어느 진영에 속해 있느냐가 더 중요하게 여겨진다. 사실 관계보다 그 사실을 바라보는 시각이 더 중시된다. 그래서 회색인간으로 치부되는 중립적인 인생은 무의미한 것으로 폄하되기도 한다.

삶은 한 가지 색으로만 그려질 수 없는데, 이래도 되는 걸까. 흑백 혹은 좌우와 같은 이분법으로만 그려내지 못하는 인생과 삶의 부분은 어떻게 받아들여야 할까.

세상을 사는 법이 한 가지만 있는 게 아니라는 것은 모두 알고 있다. 좌파에 섰던 사람이 우파로 돌아서거나 그 반대의 경우도 우리는 부지기수로 본다. 상황에 따라 어느 쪽이 우파이고, 어느 쪽이 좌파인지 헷갈리는 경우도 많다. 실제로도 세상은 양극단보다 중간지대가 더 넓은 법이다. 영국 사회학자 기든스Anthony Giddens 교수가 제시한 '제3의 길'[#1]이라는 논제도 이런 맥락에서 나왔다. 오히려 중간에 서 있어야 세상 전체를 잘 볼 수 있다는 논리다.

그럼 양극단에 휩쓸리지 않고 '중간'에 서 있으려면 어떻게 해야 할까. 무엇보다 '열린 마음'을 가질 필요가 있다. 어떤 논리라도 들을 준비가 돼 있는 아량과 배려심 말이다. 오늘날 우리가 인문학을 공부하는 이유가 여기 있다. 인문학적 사고방식은 외골수, 고집불통과 같은 완고함을 거부한다. 일방통행만 고집하면서 남의 말이나 생각을 막아버리는 것은 진정으로 열린 사회의 적이다. 어떤 최종 결론에 도달하기 전까지 모든 조건은 열려 있고, 그 사안은 의심의 대상이며 회색 지대에 속해 있다.

프랑스 계몽사상가 볼테르Voltaire가 "나는 당신의 말에 전혀 동의하지 않는다. 하지만 당신이 그렇게 말할 권리를 위하여 죽을 때까지 싸우겠다"고 언명한 그대로다. 이 말은 수백 년 전 탄생해 언론자유가 어느 정도 이뤄졌다는 오늘날에도 '언론자유를 옹호하는 격언'으로 여전히 효력을 갖고 있다(안타까운 것은 그런 맥락에서 톨레랑스—관용—의 나라였던 프랑스가 난민 사태와 각종 테러를 겪으면서 점차 폐쇄적이고 남의 말을 잘 안 들으려는 나라가 되어가고 있다는 점이다).

《잃어버린 시간을 찾아서》 저자 마르셀 프루스트Marcel Proust도 이렇게 말했다.

"진리를 추구하는 사람들을 존중하라. 그러나 그것을 발견했다고 말하는 사람들은 경계하라."

이는 영국 언론인 로버트 하그리브스Robert Hargreaves가 저서 《표현자유의 역사》에서 "언론자유(사상, 생각)의 진정한 가치를 진정으로 믿는 사람들의 태도"라고 말한 것과 상통한다. 하그리브스에 따르면 진리를 추구하는 사람들은 오직 자신만이 계시를 받은 진리의 소유자라고 자처하지 않는다. 그들은 내가 틀리고 상대방이 옳다고 여길 만한 논쟁적인 주제를 선택해 자신이 알고 있는 '확실한 것'들을 의심함으로써 진리에 한걸음 더 가까이 가려고 한다. 열린 마음, 있는 그대로 받아들이기 위한 마음가짐은 절대적 진실을 의심하는 데서 시작한다.

데카르트René Descartes가 "믿고 싶은 모든 것을 의심하라"고 말한 것도 같은 맥락이다. 자신의 경험에 의존하기보다 이성理性에 매달리라는 것이다. 늘 변수가 생겨나는 인생에서 오로지 믿을 것은 어제의 경험이 아니라 오늘의 이성이다. 데카르트는 이런 사고 태도로 중세의 어둠을 걷어내고 이성(인간) 중심의 시대를 열었다. 이것은 그간 무지無知와 혼돈의 세상을 형성해왔던, 믿고 싶은 것만 믿는 비합리적이고 비이성적 태도에 대한 경종이었다. 그는 아무리 의심해도 더 이상 의심할 수 없는 진리가 있다고 생각했다. 그 진리는 '내가 생각한다는 사실' 그 자체였다. 그는 진리의 근거를 신에서 찾지 않고 사람의 이성과 합리적 사고에서 찾았다. 후세인은 이 점을 근거로 데카르트를 근대적 사고와 철학의 시작점으로 평가한다. 데카르트의 태도는 진리에 대한 확신을 갖기 위해 의심이라는 도구를 사용하지 않으면 안 된다는 것을 뜻한다. 의심이라는 검증 절차 없이 무언가를 믿는다는 것은 곧바로 맹목盲目으로 이어지며, 이성을 무덤에 파묻는 행위와 같다.

스페인 화가 고야Francisco José de Goya y Lucientes는 자신의 판화 연작《변덕Los caprichos》의 한 작품에서 "이성이 잠들면 괴물이 깨어난다"고 설파했다. 이 책에서 말하려는 의심은 불신不信이 아니라 '합리적 의심reasonable doubt #2이다. '액면 그대로 믿지는 않는다'는 점에서 둘은 같은 의미이지만, 의심의 원인과 결과에서 차이가 있다. 불신은 무조건적으로 믿지 않는 것을 뜻하는 반면 합리적 의심은 이성적 판단으로 의심이 풀리면 믿을 수 있다는 전제가 있다.

합리적 의심이 중요한 것은 이를 통해 관습 깨기가 가능하고, 진영 논리를 부숨으로써 이성의 귀환을 이뤄낼 수 있기 때문이다. 이를 위해 극단적으로 말하자면 어떠한 입장을 확고히 견지하기 직전까지는 회색인간이 될 수 있다고 생각해야 한다. 그러기 위한 용기도 필요하다. 독일 철학자 임마누엘 칸트Immanuel Kant는 〈계몽이란 무엇인가에 대한 답변〉(1784)이란 글에서 인간이 미성숙한 것에서 벗어나는 것을 계몽이라고 하는데, 인간이 미성숙 상태에 있는 것은 '이성'이 없어서가 아니라 이성을 사용할 '용기'가 없어서라고 했다. 이성을 사용할 용기를 낸다는 것은 곧 남들이 다 옳다고 말해도 아닐 수 있다고 생각하는 힘을 갖는 것이다. 그렇지 않으면 언제까지나 일방통행식 사고, '내로남불'(내가 하면 로맨스, 남이 하면 불륜)식 사고를 버리지 못한다.

 1장에서 보듯 세상은 의도한 대로만 흘러가지 않는다. 식량 증산을 위한 마오쩌둥毛澤東의 참새잡기는 오히려 기아를 악화시켰고, 살충제 DDT는 이로운 면보다 나쁜 점이 더 부각됐다. 사카린이 발암물질 취급을 받다가 항암물질로 대우가 달라진 것이 오래지 않았다. 우리가 '참'이라고 알고 있던 것이 '거짓'이고 그 반대의 경우도 허다하다는 것이 세상의 이치다. 따라서 세상은 언제나 중간에 서서 바라보아야 한다. 이런 태도를 갖지 않는 한 더 나은 미래는 쉽게 오지 않는다. 지성의 암흑기는 중세에만 있었던 것이 아니다.

 이 책은 '회색인간 되기'를 위한 안내서다. 도발적인 제안 같지만 그간의 관점을 뒤집어 사고하면 그간 당연시돼왔던 일들이 달라 보일 것이다. 앞서 말한 대로 새로운 관점을 가진 사람은 진영논리가 팽배한 우리 사회에서 발붙이기 힘들지도 모른다. 그렇다 하더라도 회색지대에서 세상을 관조하며 통찰력을 얻는 것이 더 낫다. 이것이 시류에 휩쓸리지 않고 중심을 잡으며 사는 방법이다.

이 책에서 필자는 관점 뒤집기를 위한 방법론으로 세 가지 인문 사고를 제시하고 있다. 첫 번째가 합리적 의심이다. 기정사실을 의심해 뒤집으면 새로운 사실이 드러난다. 영업 비밀을 유지하려는 '경업금지 원칙'과 참을성 있는 아이가 성공하더라는 '마시멜로 이야기'를 뒤집으면 전혀 다른 이야기가 등장한다. 인재人災를 없애기 위해 채택되는 매뉴얼과 시스템은 인간성이 개입하지 않은 채 작동했다가는 더 큰 재앙을 낳는다는 사실을 '루시퍼 이펙트'가 보여준다. 이런 사례들은 합리적 의심이란 무엇이고, 어떻게 해야 하는지를 알려준다. 또 이 사례들은 구태의연한 사고방식을 버리라고 우리에게 종용한다. 그때와 지금은 다르다고, 왜 달라진 세상의 목소리를 듣지 않느냐고 묻는다.

두 번째는 질문하기다. 청소년들이 흡연하는 것은 당연히 금지해야 한다고들 생각한다. 정말 그런가. 또 프랑스 혁명과 링컨Abraham Lincoln 대통령의 노예제 폐지 과정에서 좌파와 우파의 의미가 고정불변이었는가를 묻고 있다. 흉악범에게는 엄벌이 최선이라는 고정관념도 깊이 질문하면 다른 답이 나온다. 이렇게 당연시 여기는 일들도 왜 그런지를 되물으면 사실이 뒤집어지고 바뀌는 일이 수도 없이 벌어진다.

마지막으로 세상에 대한 새로운 시선을 갖기 위한 방편으로 관찰의 중요성을 언급했다. 프랑스 문호 앙드레 지드André Gide는 소련식 사회주의를 극찬하다 소련을 직접 방문하고 돌아본 후 입장을 바꿨다. 오랜 항해로 비타민 C가 부족하면 생기는 괴혈병으로 수없이 많은 선원들이 죽어갈 때 제임스 쿡James Cook 선장의 관찰력이 없었다면 괴혈병을 퇴치할 수 없었을 것이다. 아침 안개를 보고 에어컨의 원리를 생각해낸 것이나 해시계용으로 쓰이는 막대의 그림자를 보고 지구둘레 길이를 계산해낸 것들 모두 관찰력 덕분이었다.

　이 세 가지 방법을 장章으로 나누고 사례와 질문들을 통해 인문 사고를 되새길 수 있도록 했다. 또 장마다 끝에는 정답이 없는 사안에 대한 생각할 기회를 갖기 위한 아이템을 붙였다. 읽는 사람에 따라서는 동의하기 어렵거나 이해하기 힘든 부분도 있을지 모른다. 그렇다 해도 끝까지 읽어보면 '남들은 나와 다르게 생각할 수 있다'는 것을 환기시키려는 필자의 의도를 이해할 거라 믿는다. 그래서 이 책을 손에서 놓을 즈음 '세상일에 한 가지 답만 있는 것이 아니다'라는 생각이 들면 이 책을 통해 전하고자 하는 바가 반쯤 전해졌다고 할 수 있다. 한 가지 관점만 고집하지 않는 순간, 곧 자신의 뇌가 유연하고 말랑말랑해진 것을 느낄 것이다.

　학자도 아닌 필자가 감히 '사유하기'에 관한 글을 쓰는 것은 기자로 살아온 삶 덕분이라고 말하고 싶다. 초짜 기자 시절 사건과 현상의 표피만 보지 말라는 선배들의 주문에 따라 실체적 진실이 무엇인지를 궁금해 하고 질문을 던지던 습관은, 20여 년이 훌쩍 넘은 지금은 일상이 되었다. 기자로서 훈련받은 과정이 없었다면 아마 믿고 싶은 것만 믿으려드는 고집스럽고 아집에 찬 '꼰대'가 됐을지도 모를 일이다.

앞서 필자는 이와 비슷한 주장을 담은 책《한 뼘 인문학》을 발간했었다. 이번 책은 그 후속편 격이다. 앞선 책에 담지 못한 내용을 담으면서도 일관된 글의 흐름을 유지하려 한 것이 조금 다르다. 그 과정에 여러 아이디어와 영감을 준 아내 노혜령에게 고마움을 표하고 싶다. 이 글을 쓰면서 스스로 놀랐던 것은 어느덧 아내의 말에 귀 기울이는 나 자신을 발견한 점이다. 이 역시 이런 주제의 글을 쓰며 필자의 뇌가 유연하고 말랑해진 결과라고 믿고 싶다.

▲ #1 기든스 교수가 제시한 제3의 길은 우리나라의 성장 과정에 주목한 결과물이다. 그는 한국이 1953년 전 국민 무상초등교육을 통한 문맹 해결 등의 교육제도로 인재를 키움으로써 전후에 고도성장을 이뤄낸 점에 착안했다. 거기서 그는 개인과 가족이 스스로 자립할 수 있도록 국가가 돕는 한국 시스템을 읽어냈다. 산업화가 요구하는 고급 인력을 길러내는 과정에서 개인과 가족, 국가가 각각의 책임을 다하는 것이 중요하다고 본 것이다. 박정희 정권 시대에 시작된 새마을운동의 모토가 '잘 살아보세'였던 것도 이 세 부류의 공통 목표로 최적이었다는 점과 상관이 있다. 개인이 잘사는 것은 가족의 부유함으로, 다시 국가 전체의 발전과 재화로 이어지는 것이므로 각 주체의 협력과 공조는 무엇보다 필수적이라고 생각한 것이다. 박정희 정권이 민주주의를 뒷전에 둔 것은 우선 모두가 배불리 먹고사는 것이 급선무였기 때문이라는 해석이다.

#2 합리적 의심은 본래 '도둑 10명을 놓치는 한이 있더라도 단 1명의 억울한 사람을 만들어서는 안 된다'는 형사법 원칙이다. 판사는 범죄 혐의가 있어서 법정에 선 피고인이 무죄일 가능성을 놓치지 않고, 검찰의 기소 내용을 의심해야 한다는 것이다. 이것은 무죄추정의 원칙으로 이어진다.

Part 1

그래도 글감은

찾으면

맞다

Part 1

지금은 그래도 들리고 말다

가짜뉴스, 풍문과 소문이 본모습을 드러내기까지는
진실보다 더 그럴듯하게 풍미된다. 사람들은 공식 발표보다
주변의 귓속말을 더 신뢰하고 그것이 진실이라고 믿는다.
포장된 껍데기 안에 감춰진 진실이 존재한다고 생각하기 때문이다.
정보가 통제되고 권력자에게 독점되던 시절을 겪어본 사람들이
갖는 의심은 더욱 짙다. 역사로부터 학습한 것들이 있기 때문에
세상이 바뀌어도 그 관성에서 좀체 벗어나지 못한다.
경험을 통해 만들어진 프레임에 스스로를 가둬놓는 것이다.
특히 지금은 오히려 너무 많은 정보들로 인해 진실이 가려지고,
이해관계가 얽혀 사실을 파헤치기가 더욱 어렵다.
다른 사람들의 말과 프레임에 휘청대지 않고
나만의 시선으로 세상을 똑바로 걸어가는 일은 더더욱 힘들어졌다.
"남들이 말하기를…"에 현혹되지 않고 나의 기준을 세우기 위해
필요한 것이 바로 이 책에서 다룰 인문학적 사고법이다.
이를 위해 필요한 세 가지 핵심적 사고를 그 의미에 기대어
'인문 사고'라고 부를 예정이다. 인문 사고 중 첫째는 남들이
아무리 옳다고 말하는 일이라도 일단 '합리적 의심'을 하는 것이다.
둘째로 '정말 그런가'라고 되묻는 것을 두려워하지 않는 것이다.
셋째는 진실이 무엇인지 스스로 찾으려는 수고로움을
마다하지 않는 것이다. 그리고 난 뒤에야 자신의 입장을 세우길
권한다. 그때의 입장은 남의 의견에 편승하거나
뒤좇는 것이 아니라, 자기만의 고민과 연구를 통해 다져진
단단한 식견이 된다. 미국 역사학자 리처드 호프스태터는

"지적인 삶의 의미는 진리를 소유하는 것이 아니라 불확실한 것을 새로이 탐색하는 데 있다"고 했다. 또한 호프스태터는 《미국의 반지성주의》[#3]에서 "지식인은 해답을 질문으로 바꾸는 사람들"이라고 했다. 지식인은 사회의 관습, 통념과 상식에 의문을 제기하는 불편한 역할을 하는 사람이라는 의미다. 그런 지식인, 지성인이 관습, 통념이라는 이름으로 포장된 불합리함과 비이성적 행동을 바꿈으로써 세상이 발전할 수 있었다. 제한된 관점에 매몰되지 않음으로써 지성의 기능이 살아나고 사회가 좀 더 사람이 살기 좋은 곳으로 바뀌는 것이다.

이 장에서는 인문 사고가 어떻게 세상을 바꾸어왔는지를 살펴보기로 한다. 먼저 똑같은 사람인데도 흑인과 여성이 차별받던 사회가 조금씩 나아지기까지의 과정을 이야기한다. 반면 마오쩌둥의 교조주의를 통해 한 사람의 편협한 생각이 어떻게 세상을 어지럽힐 수 있는지도 이야기한다. 또한 열린 생각의 필요성을 더 깊이 살펴보기 위해 DDT, 사카린, 환경에너지 등 여러 사례를 담았다. 이들의 평가가 관점에 따라 어떻게 바뀔 수 있는지를 함께 생각해보길 바란다.

◢

#3 리처드 호프스태터(Richard Hofstadter)는 1963년 《미국의 반지성주의》를 쓰고 1964년도 퓰리처상을 수상했다. 그는 미국 공산당에 입당했지만 당원에게 이념 주입을 시도하는 소련식 공산주의에 경도된 당의 태도에 실망해 탈당했다. 그는 특히 스탈린 체제의 소련이 반대파를 숙청하는 독재정치를 펴고, 2차 세계대전 때 나치에 협력했다는 점을 문제 삼았다. 그는 미국의 매카시즘을 보면서 지식인을 크게 두 부류로 나누었다. 하나는 객관적 사실에 천착하는 지성인으로서의 지식인이고, 하나는 권력에 복무하면서 그들의 세력을 유지하도록 돕는 논리를 제공하는 이데올로그로서의 지식인이다.

차별과
구별의 다름을 생각하다

흑인인권운동 과정을 보면 지금의 기준으로 어떻게 그런 일이 벌어졌을까 싶은 일화가 많다. 백인과 흑인이 화장실을 따로 사용한다든지 버스에서 흑인에게 뒷좌석에 앉도록 강요한다든지 하는 일은 너무나 흔해서 이야깃거리도 안 된다. 색다른 예는 1958년에 일어났다.

미시시피대학교 박사 과정에 입학하려던 38세 흑인 클레넌 킹 Clennon King(마틴 루서 킹과는 아무 관계가 없다)이 그 일화의 주인공이다. 클레넌은 목사이자 역사 교사였다. 그는 계속 공부할 필요를 느껴 대학 진학을 신청했다. 자신의 이력으로 볼 때 받아들여지지 않을 이유가 없다고 생각한 그는 자신 있게 대학 교정으로 들어갔다가 현장에서 경찰에 체포됐다. 흑백차별이 있던 당시로서는 백인이 다니는 학교에 흑인이 출입하는 것이 법으로 금지돼 있었다.

황당한 것은 재판에 넘겨진 그를 지역 판사가 정신병원에 집어넣으라고 판결한 것이다. 미치지 않고서야 백인이 다니는 학교에 흑인이 입학하겠다고 할 수 있겠느냐는 논리였다. 클레넌은 실제로 정신감정을 받고 정신이상이 아니라는 판정이 난 후에야 풀려날 수 있었다.

　클레넌의 '비정상적인' 행동에 대한 백인들의 반응은 그 당시로서는 전혀 이상한 것이 아니었다. 백인은 흑인을 '저열한 인종'으로 간주했고, 흑인 스스로도 그런 대우가 마땅하다 여길 것이라 생각했다. 지금으로서는 전혀 이해할 수 없는 일이지만 그때는 그랬다.

> **분리하되 평등하다**

　바로 전인 1957년 9월에는 이른바 '리틀록 9Little Rock Nine' 사건이 벌어졌다. 이는 미국 아칸소주 주도州都인 리틀록의 센트럴공립고등학교에 입학한 9명(여학생 7명, 남학생 2명)의 흑인 학생들을 일컫는 표현이다. 1952년 전미유색인지위향상협회NAACP가 대법원에 흑인과 백인의 학교분리 조치에 대해 소송을 제기했고, 1954년 미 대법원은 흑백 인종이 서로 다른 시설물을 이용하도록 한 행정조치가 위헌이라고 판결했다. 이 판결은 시설만 평등하게 설치돼 있다면 인종 간에 시설을 따로 쓰게 해도 연방헌법에 위배되지 않는다는, '분리하되 평등하다'는 내용의 1896년의 플레시 대 퍼거슨 판례Plessy v. Ferguson Case를 뒤집는 것이었다. '차별'을 '구별'이라는 말로 호도한 지난 역사를 바로잡은 셈이다. 그리하여 리틀록의 9명의 흑인 학생들은 역사적인 판결의 수혜자가 되었다.

　그럼에도 당시에는 판결에 불복하는 백인의 정서가 팽배했다.

1957년까지 남부 지역의 3000개 학교 중 684개교만이 인종차별제도를 폐지했던 것만 봐도 알 수 있다.

마찬가지로 센트럴고교에 입학한 흑인 학생들의 등교도 순탄치 않았다. 입학 허가를 받고도 어니스트 그린Ernest Green, 엘리자베스 엑포드Elizabeth Eckford 등 9명은 당장 등교하지 못했다. 차별주의자였던 아칸소주지사 오발 포버스Orval E. Faubus가 주방위군 270명을 동원해 그들의 등교를 막았기 때문이다. 원래 17명의 흑인 학생들이 이 학교에 지원했지만 8명은 학교 앞을 막아선 군대를 보고 입학을 포기해버려 9명이 된 참이었다. 이렇다 해도 앞서 말한 대로 남부 지역에서는 흑백통합 판결을 거부하는 분위기가 거셌기 때문에 이 일이 크게 이슈화되지 않고 묻혀버릴 수도 있었다.

반전이 일어난 것은 한 장의 사진 덕분이었다. UPI통신사의 사진기자와 지역 신문의 사진기자가 이 사건을 잇따라 보도하면서 미국 전역에 큰 반향을 불러온 것이다.

발단은 9명의 학생 중 엘리자베스 엑포드였다. 등교일을 앞두고 백인들의 움직임이 심상치 않은 것을 감지한 9명의 학생들은 1957년 9월 4일 아침에 학교 앞에서 만나 함께 등교하기로 약속했다. 무리 지어 들어가면 야유를 견디기도 수월할 것이고, 폭력 사태가 벌어져도 대처하기에 혼자보다는 나을 터였기 때문이다. 그런데 학교 앞은 흑백차별주의자로부터 봉변을 당할 우려가 크다는 생각에, 이들은 전날 밤 급하게 만나는 장소를 변경했다. 하지만 엑포드는 집에 전화가 없어서 장소가 바뀐 사실을 몰랐다. 나머지 학생들은 누군가 엑포드에게 변경된 약속 장소를 알렸을 거라고 생각했다. 결국 다음날 아침 학교 앞으로 향한 엑포드는 홀로 흑백차별주의자들의 거센 반발에 맞닥뜨려야 했다.

 엑포드의 앞을 막아선 주방위군은 백인 학생만 학교에 들어가도록 했고, 주변을 에워싼 백인들은 남녀노소 할 것 없이 "꺼져"라고 엑포드에게 소리를 질러댔다. 엑포드는 "인자하게 생긴 할머니가 나와 눈이 마주치자 갑자기 나에게 침을 뱉었다"고 증언하기도 했다. 엑포드는 울면서 필사적으로 그들을 피해 버스 정류장까지 도망갔다. 그는 일부 양심적인 백인들의 도움을 받아 가까스로 그 자리를 피할 수 있었다. 엑포드는 한 백인이 "저들(차별주의자)이 네가 우는 모습을 보지 않게 당당하게 행동해"라며 용기를 주자 안정을 되찾았고 다른 8명의 학생과 만나 다시 등교를 시도했다.

 화제가 된 사진은 이 과정에서 찍힌 것이었다. 선글라스를 끼고 책을 든 엑포드가 군중들 사이로 쫓기듯 걸어가는 가운데, 뒤에서 백인 여성들이 소리를 지르는 모습을 담은 사진이다. 이 사진을 찍은 사람은 UPI통신의 조니 젠킨스Johnny Jenkins와 〈아칸소 데모크라트Arkansas Democrat〉의 윌 카운트Will Counts였다. 이 중 윌 카운트의 사진은 이듬해인 1958년 퓰리처상을 후보까지 올랐다. 그해 퓰리처상은 세 개 부문에서 리틀록 9 사건을 다룬 신문사와 기자가 차지했다. 이 신문 보도가 없었다면 흑인 학생들은 계속 등교하지 못했을 것이다.

✱ 리틀록 9 사건을 수면 위로 끌어올렸던 문제의 사진. 사진 가운데에서 소리를 지르고 있는 여성은 같은 학교에 다녔던 헤이즐 브라이언(Hazel Bryan)이다. 그녀는 몇 년 후 엑포드에게 자신의 행동을 사과했고, 더 시간이 흘러 둘은 친구가 되었다.

정치적 올바름에 대하여

보도 후 비판 여론이 비등해지자 드와이트 아이젠하워Dwight Eisenhower 대통령이 직접 나섰다. 당시 9명의 학생들은 입학 후 2주가 지나도 등교하지 못하던 상황이었다. 처음에는 아이젠하워 대통령도 흑백통합 판결이 마음에 들지 않아 미온적으로 대처했었다. 하지만 이 사건을 계기로 남부를 비판하는 북부 지역의 여론이 거세지자 분명한 입장을 표명했다. 그는 당장 아칸소주지사를 문책 차원에서 소환하는가 하면, 사태가 진정될 때까지 101공수사단 2000명을 투입해 등하교하는 흑인 학생들을 보호했다. 당시 사진 중에는 총검을 장착한 군인들이 흑인 등교 반대 시위를 벌이고 있는 백인들을 위협하면서 몰아내는 장면이 담겨 있기도 하다. 그 정도로 미 당국은 단호히 흑백차별에 반대하는 모습을 보였다.

이런 북새통 끝에 리틀록 9으로 불린 학생들은 모두 고등학교를 졸업했다. 다만 사진의 주인공이었던 엘리자베스 엑포드는 센트럴공립고에서 졸업장을 받지 못했다. 다음 해인 1958년 아칸소주지사가 연방 정부의 조치에 반발하여 주 내의 모든 공립학교를 폐쇄시켰기 때문이다. 엑포드는 통신 및 야간 과정을 수료해 고등학교 졸업장을 받을 수 있었으며, 센트럴고교의 첫 흑인 졸업생은 결국 어니스트 그린이 됐다(리틀록 9은 2008년 오바마 대통령 당선 뒤 백악관으로부터 전원 초청장을 받았다).

한 번 이렇게 세상이 달라지기 시작하자 그 뒤로는 물꼬가 터진 듯 걷잡을 수 없었다. 리틀록 사건이 있은 지 6년 뒤 마틴 루서 킹Martin Luther King 목사의 그 유명한 워싱턴 연설이 등장한 것도 바뀐 세상의 흐름이 반영된 것이었다. 킹 목사는 1963년 8월 28일 워싱턴 집회에서의 연설 〈나에게는 꿈이 있습니다 I have a dream〉에서 이렇게 말했다.

"나에게는 꿈이 있습니다. 언젠가 이 나라가 모든 인간은 평등하게 태어났다는 것을 자명한 진실로 받아들이고, 그 진정한 의미를 신조로 살아가는 날이 오리라는 꿈입니다. 언젠가는 조지아의 붉은 언덕 위에 예전에 노예였던 부모의 자식과 그 노예의 주인이었던 부모의 자식들이 형제애의 식탁에 함께 둘러앉는 날이 오리라는 꿈입니다.
언젠가는 불의와 억압의 열기에 신음하던 저 황폐한 미시시피주가 자유와 평등의 오아시스가 될 것이라는 꿈입니다. 나의 네 자녀들이 피부색이 아니라 인격에 따라 평가받는 나라에 살 날이 오리라는 꿈입니다. 오늘 나에게는 꿈이 있습니다. 주지사가 연방정부의 조처에 반대할 수 있다느니, 연방법의 실시를 거부한다느니 하는 말만 하는 앨라배마주가 변하여, 흑인 소년소녀가 백인 소년소녀와 손을 잡고 형제자매처럼 함께 걸어가는 꿈입니다."

그의 희망이 실현 가능한 일이며 그 결실이 이뤄지고 있음을, 영부인 미셸 오바마Michelle Obama는 2016년 7월 25일 대통령선거를 앞두고 열린 민주당 전당대회에서 연설을 통해 증명해냈다.

"저는 매일 아침 노예들에 의해 세워진 집(백악관)에서 잠을 깹니다. 그리고 제 딸들, 두 명의 아름답고 지적인 흑인 여성들이 백악관의 잔디밭에서 강아지들과 노는 모습을 바라봅니다."

미셸의 연설은 힐러리 클린턴Hillary Rodham Clinton 민주당 후보를 위한 지지연설이었지만, 오히려 힐러리의 후보지명 요청연설을 능가한다는 평을 들었다. 이 몇 문장으로 세상의 변화와 미국의 저력을 동시에 피력했다는 것이다.

물론 미국 내에서 흑백차별은 아직도 현재진행형이다. 법적, 제도적으로 차별을 금지하는 장치는 마련돼 있지만 흑인에 대한 차별은 여러 방식으로 나타난다. 백인에 비해 마약거래나 강도, 살인 등의 범죄에 연루돼 있다는 의심을 더 많이 받으며, 단속 과정에서 폭력 행위를 행사할 것처럼 보인다는 이유로 백인 경찰의 총에 맞아 숨지는 일도 벌어진다. 이들이 주로 저소득층에 속해 있기 때문에 받는 부당한 차별이기도 하다.

그래도 미국 사회가 달라졌다고 말할 수 있는 것은 흑인차별 행동을 과거처럼 드러내놓고 하지 않는다는 데 있다. 오바마가 미국 대통령에 당선된 것도 '정치적으로 올바른politically correct'[#4] 행위를 해야 한다는 도덕률이 사회 전반을 지배하고 있기 때문이라는 해석도 있다.

사회적 프레임이
만들어낸 고정관념

지난 인류의 역사를 보면 흑백차별만큼이나 끔찍하고 흉측한 일이 많았다. 성性, 종교, 장애인, 인종에 대한 차별이 그런 것들이다. 그 수많은 인류의 오류와 잘못을 바로잡을 수 있었던 것은 이성의 발전 덕분이었다. 그리고 이성은 선각자라고 해도 좋을 사람들의 합리적 의심에 의해 갈고닦아졌고 진보했다. 이제 과거에는 맞았던 것이 오늘날에는 틀린 것이 되고, 그 정반대 현상도 벌어진다. 무엇을 믿고 따를 것인지에 관한 기준은 이렇게 시대의 발전, 과학의 발달과 함께 달라진다. 이것이 고정관념을 갖는 것이 쓸데없는 일이라고 단언할 수 있는 근거다.

사물에는 늘 정면 뒤에 잘 보이지 않는 이면이 있다. 겉으로 드러난 정면만 바라보는 행위를 다른 말로 고정관념이라고 한다. 고정관념은 흔히 사물을 특징짓는 대표 이미지만 바라보는 시각이다. 그 외에 이면은 무시되거나 곁가지로 여겨지지만, 이면까지 보지 않으면 사물 전체를 이해할 수 없다. 현실에서는 이면에 속한 요소들이 오히려 중요할 때도 많기 때문이다. 실제로 여러 조직에서 이면, 즉 중심이 아닌 주변부에 속해 있던 이단아가 전체를 규정짓는 상징물로 발전하고 조직과 사회를 바꿔놓는 경우가 흔하게 발생한다. 따라서 사물에 대한 판단은 줄기와 자투리를 포함해 종합적이어야 한다. 보고 싶은 것만 보려는 태도를 버려야 하는 까닭이다.

#4 일명 '피씨하다'라고 하여 우리나라에 널리 퍼진 이 단어는, 누가 봐도 옳은 말이나 행동을 해야 한다는 뜻이다. 속으로 다르게 생각하더라도 흠잡히지 않기 위해서다. 속으로는 흑백차별이 필요하다고 생각하면서도 인권 탄압에 동의하는 것처럼 보이지 않으려고 말로는 흑백차별 철폐를 외치는 식이다.

속마음을 잘 드러내지 않기로 유명한 일본에도 비슷한 말이 있다. 속마음을 표현하는 '혼네(本音)'의 반대말로, 표면상에 드러난 입장이나 원칙을 뜻하는 '다테마에(建前)'라는 말이다. 일본인보다 솔직하다는 미국인도 겉과 속이 다른 마음은 어느 정도 있음을 언어를 통해 엿볼 수 있다.

과학적
사실에도 의심이 필요하다

흑인에 대한 차별은 의심을 통해 '합리성'을 추구하는 인간의 본성 덕분에 개선되었다. 이렇게 합리적 의심이 가장 빛을 발하는 분야가 바로 '과학'이다. 과학은 미신과 미혹迷惑의 굴레에서 인간의 이성을 자유롭게 하는 데 한몫했다. 물론 어설픈 실험으로 사실이 거짓으로 둔갑하고 누명을 쓰는 경우도 있었지만 말이다. 그래도 과학은 스스로 잘못 진단한 것을 바로잡는 기능도 갖고 있다. 이 역시 세상에 존재하는 모든 것에 대해 의문을 던지는 과학적 접근법 덕분이다. 그 덕에 누명을 벗은 대표적인 예가 사카린이다.

사카린은 늘 같은 상태로 있었으나 사람들은 그에 대한 평가를 놓고 이랬다저랬다 했다. 기적의 감미료라고 열광하다 갑자기 발암물질이라며 외면했다. 최근에는 다시 건강에 좋은 식재료라고 명예를 회복시켜줬다. 처음부터 끝까지 과학이 개입하지 않았다면 겪을 수 없는 일이었다. 엎치락뒤치락하는 그 과정을 좇아가면 과학이 우리에게 어떤 의미인지를 알 수 있다.

> **기적의 감미료가
추락한 이유**

사카린은 라틴어 사카룸 saccharum에서 파생된 표현인데 우리말로 '설탕'이라는 뜻이다. 정식 명칭은 '사카린나트륨 Sodium Saccharin'이다. 처음 발견한 사람은 미국 존스홉킨스대학교에서 석탄이 타고 남는 부산물인 콜타르로 식품방부제를 연구하던 화학자 콘스탄틴 팔버그 Constantin Fahlberg였다. 페니실린, 포스트잇의 발명 과정이 그랬듯 과학적 발견이나 발명에는 우연이 개입하는 경우가 많다. 사카린도 같았다. 팔버그는 연구 중 합성물질의 표본을 손에 묻힌 채 집에 와서 저녁을 먹다가 손으로 집어 먹은 음식이 달다는 것을 깨닫고 이유가 궁금해졌다. 자신의 연구 과정을 되짚어간 그는 화학적 변화가 이뤄진 물질을 찾아냈다. 그것이 사카린이었다. 그는 지도교수인 렘슨 Ira Remsen과 공동으로 1879년 이에 관한 논문을 발표했다(하지만 그는 1884년 사카린의 공업용 합성법을 개발해 렘슨 몰래 특허를 출원해 많은 돈을 벌었다).

사카린은 무색이거나 백색의 분말이다. 열량이 전혀 없고, 영양가도 없다. 설탕이나 포도당은 그램당 4킬로칼로리의 열량을 갖고 있다. 탄수화물을 섭취한 후 포도당으로 변하고 이것이 혈액으로 들어가는 속도인 혈당지수는 설탕이 65, 포도당이 100이다. 사카린은 혈당지수도 제로다. 그래서 사카린은 혈당에 민감한 당뇨병 환자가 먹어도 좋은 감미료다. 합성감미료로 개발된 이후 설탕 대용으로 100년 넘게 사용돼왔다. 설탕보다 300배 이상 단맛을 낸다고 한다. 또 물에 녹는 정도인 수용성이 뛰어나서 각종 음식의 첨가물로 활용하기도 쉽다. 실온에서 물 100밀리리터에 약 67그램이 녹는다. 같은 부피의 물에 소금은 약 36그램이 녹는다. 상대적으로 사카린이 물에 잘 녹는 물질인 셈이다. 그런데다 가격도 설탕보다 30~40배나 쌌다. 1차 세계대전이 터지면서 물자가 부족해지자 유럽에서는 사카린을 설탕 대용품으로 널리 사용하기 시작했다.

대량생산의 길을 연 것은 당시 전쟁을 일으켰던 독일이다. 하지만 설탕 제조업자들의 로비와 설탕 판매 감소로 세금 수입이 줄어들 것을 우려한 독일 정부의 의중이 맞아떨어져서 건강한 사람에게는 사카린을 팔 수 없도록 한 법이 제정되기도 했다.

사카린이 된서리를 맞은 것은 1977년 캐나다 국립보건방어연구소 HPB의 실험 결과가 발표된 뒤였다. 쥐를 대상으로 사카린의 안전성을 테스트했더니 사카린을 먹은 쥐가 방광암에 걸렸다는 것이 주된 연구 내용이었다. HPB는 1974년부터 3년간 100마리의 쥐에 사카린을 투여했더니 14마리의 방광에서 종양이 발견됐다고 발표했다. 사카린은 당장 발암물질이라는 의심을 받았고, 이 결과를 근거로 미국, 캐나다는 식품첨가제로 사용하는 것을 금지했다.

미국은 당시 덜레이니 조항 Delaney Clause(미국 식품위생에 관한 법률)을 지키고 있었다. 이는 발암성 물질은 미량이라도 음식에 첨가해서는 안 된다는 내용을 담고 있다. 무관용의 원칙 zero tolerance 과 다를 바 없었다. 이로써 사카린 사용은 전면 금지됐다(1958년 미국 민주당 하원의원 제임스 덜레이니가 발의한 이 조항은 1988년 미국 환경보호청EPA이 발암물질이라도 소량이어서 인체에 영향을 주지 않는 경우는 괜찮다는 방침을 세운 후 폐기됐다).

미국에서는 당시 다이어트용 식품에 사카린이 많이 사용됐는데 사용금지 처분이 내려지자 소비자의 항의가 빗발쳤다. 결국 미국 정부는 "이 제품의 사용은 당신의 건강에 해가 될 수도 있다. 이 제품은 동물실험 결과 암을 유발하는 것으로 판명된 사카린을 함유하고 있다"는 경고문을 라벨에 표시하는 법안을 통과시키고 사카린 사용을 다시 허용함으로써 항의를 무마시켰다.

> **과학도 결국은 프레임일 뿐**

사카린이 누명을 벗은 것은 캐나다 HPB가 행한 실험의 오류가 다른 실험을 통해 공식 확인되면서였다. 국제연합UN 식량농업기구FAO와 세계보건기구WHO의 합동 기구인 식품첨가물전문가위원회JECFA와 유럽식품안전청EFSA이 연구한 결과, 캐나다의 연구에서는 쥐에게 너무 많은 양의 사카린을 주입했다는 것이 밝혀졌다. 캐나다의 실험은 사람으로 치면 매일 청량음료 800개 이상을 마셔야만 나타날 수 있는 부적절한 조건을 전제로 한 것이었다. 또 쥐에서 발생한 방광암은 사람과 쥐의 소변 성분과 삼투압 차이로 사람에게서는 발생할 수 없다는 사실도 나타났다.

고농도의 사카린이 든 사료를 먹은 햄스터, 원숭이는 암수 간 차이도 나타났다. 수컷은 방광암에 걸린 반면 암컷은 종양이 발생하지 않았다. 수컷도 어릴 때부터 꾸준히 사카린을 투여했을 때만 종양이 발생했다. 1990년대 말부터 미국 국립독성학프로그램NTP과

✽ 미국에서는 사카린을 사용해 인위적으로 달게 만든 제품의 판매금지 조치에 소비자가 항의하자, 사카린이 첨가된 제품의 판매대에 경고문을 붙이도록 했다.

WHO 산하 국제암연구소IARC는 사카린이 인체에 암을 일으키는 물질이 아니라고 발표하기에 이르렀다. 미국 식품의약품안전처FDA도 사카린을 암 위험 물질 리스트에서 제외했다.

우리나라도 처음에는 미국을 따라 사카린 첨가를 규제했다. 식품위생법으로 1973년부터 식빵, 이유식, 백설탕, 포도당, 물엿, 벌꿀, 알사탕 등에 넣지 못하도록 하고 그 밖의 다른 식품에는 허용했다. 1980년대 후반 들어 사카린이 해롭다는 보도가 퍼지면서 사회문제가 되기 시작했다. 소비자단체는 정부에 규제해달라고 목소리를 높였고, 1990년 정부는 사카린을 특정 식품에만 사용하도록 결정했다. 1992년부터는 김치를 제외한 절임식품류, 청량음료, 어육가공품 및 특수영양식품에만 사용할 수 있었다. 이런 과정에서 사카린은 암을 일으킬 수 있는 유해물질이라는 인식이 퍼졌다.

그러다 새로운 연구 결과가 속속 나오자 2011년 사카린 사용 규제 기준을 일부 개정해 완화했다. 2014년부터는 과자, 빵, 아이스크림, 음료, 주류, 김치 등 30여 개의 품목에 사용할 수 있도록 확대했다. 현재는 과실주와 조미건어포류에도 허용돼 사카린을 쓸 수 있는 품목이 총 35개로 늘어났다.

우리나라에서는 '제이엠씨'라는 기업이 국내 유일한 사카린 제조업체다. 제이엠씨를 비롯해 중국 및 인도네시아 업체 등 4곳이 세계시장을 과점하고 있다.

최근에는 미국화학학회(2015)와 고려대학교 의생명융합과학과 연구팀(2016)이 사카린이 항암 효과가 있다고 발표하기도 했다.

사람과 쥐의 암세포를 대상으로 사카린의 농도를 다르게 했을 때의 변화를 관찰했더니 암세포 증식이 억제된 것이다.

또 2015년 3월 미국 덴버에서 열린 미국화학학회 보고회에서는 로버트 매케너Robert Mckenna 플로리다대학교 교수 연구진이 사카린에 상당한 항암 효과가 있음을 확인했다고 밝힌 바 있다. 연구에서 사카린이 암 증식에 중요한 역할을 하는 탄산탈수효소IX carbonic anhydrase IX라는 단백질과 결합해, 이를 무력화시킨다는 것이다. 이 단백질은 건강한 사람의 세포에서는 발견되지 않아서 항암제의 주요 표적이 되는 물질이다.

"복용량이 독을 만든다 The dose makes the poison"는 말이 있다. 스위스 의사 파라셀수스Paracelsus가 한 말이다. 독성학毒性學의 아버지로 불리는 그의 말은 모든 음식에는 이로운 성분뿐만 아니라 해로운 성분인 독이 들어 있는데, 독이 있더라도 얼마나 섭취하느냐에 달렸다는 의미다.

사카린이 발암물질에서 항암 물질로까지 지위가 상승했다고는 해도 많이 먹어서 좋을 리는 없다. 파라셀수스의 말처럼 결국 양이 중요하다. 새로운 연구에서 또다시 사카린이 악당으로 변할지도 모르는 일 아닌가. 이처럼 세상이 여러 가지 얼굴로 구성돼 있다는 점을 고려하면 고정관념이 얼마나 쓸데없는 것인지 알 수 있다.

섣부른 판단이 불러일으킨 참사

사물이 여러 면을 갖고 있다는 것은 알고 있으면서도 줄기와 곁가지를 구분 지어 판단하는 것은 우리에게 익숙하지 않다. 일반적으로 눈앞에 벌어지는 일에만 집중하거나, 보고 싶은 것만 골라보려는 확증편향이 있기 때문이다. 인과관계나 이해관계가 다면적인 사안을 복합적으로 생각하지 않고 눈앞에 벌어지는 현상만 보고 일을 추진할 때 그 결과가 어떨까를 짐작하기는 어렵지 않다. 대표적인 사례가 중국의 '마오쩌둥毛澤東과 참새' 이야기이다. 가공된 일화라는 말도 있지만 3000만 명이 넘는 인구가 사망할 정도로 극심했던 대기근의 원인이라는 분석이 더 설득력 있다.

참새를 적으로 만든 마오쩌둥

때는 1955년, 1949년 중화인민공화국을 선포한 이래로 1953년부터 시작된 1차 산업화5개년계획은 순조롭게 진행되고 있었다. 이로 인해 기초산업뿐 아니라 농업운동이 절정에 다다라 경제지수는 연일 수직 상승을 하고 있었다.

이런 때 마오쩌둥이 농업 현장 순시에 나섰다. 마오는 논에서 벼낟알을 먹고 있는 참새를 보았다. 그리고 농부에게 참새로 인한 피해를 들었다. 그는 "참새가 먹는 쌀알만 지켜내도 수확량이 증가하겠다. 저 새는 해로운 새다麻雀是害鳥(마작은 참새를 뜻함)"라고 말했다. 이어 마오와 14개 성省의 당서기들은 1956년 1월에 1967년까지의 장기 농업발전계획을 담은 〈전국농업발전강요全國農業發展綱要〉라는 정강을 선포했다. 특히 정강의 제27조는 1956년부터 5년 혹은 7년, 12년 내에 농업 생산에 해로운 4가지 해로운 동물을 소멸시킨다는 내용을 담고 있다. 4가지 동물은 쥐, 참새, 파리, 모기를 뜻한다. 여기서 제사해운동除四害運動이라는 용어가 생겼다.

1958년부터는 상황이 바뀌었다. 1957년 11월에 소련의 흐루쇼프Nikita Khrushchyov 공산당 서기장이 15년 내에 미국의 경제력을 뛰어넘겠다고 호언장담했다. 마오쩌둥은 이에 자극받아 철강산업을 기반으로 한 2차 산업화5개년계획에 착수했다. 이른바 '대약진운동'이다. 마오는 "15년 내에 영국의 생산력을 따라잡겠다"고 장담했다. 추진 과정에서 목표 기간은 15년에서 4년으로 대폭 줄었다. 성공한 경험이 있는 만큼 의욕이 넘쳤다.

마오가 추진한 산업화계획은 공업우선주의 정책이었다. 농업 생산력은 당연히 뒷전으로 밀렸다. 그도 식량문제가 해결돼야 공업 생산력도 증대될 수 있다는 것을 모르지는 않았다. 따라서 중국 정부는 곡식 수확량을 늘리기 위한 방편을 마련했다. 대규모 집단농

장인 '인민공사'를 설치하는 것이었다.

대약진운동과 함께 추진된 인민공사는 완전한 평등주의에 입각한 농업공동체로, 소련이 만든 콜호스Kolkhoz 같은 집단농장이다. 농민의 사유재산은 모두 인민공사에 귀속되며, 막사에서 공동생활을 하고 식사도 같이 하는 한편 모든 수입은 평등하게 분배했다. 이로써 당시 5억 명의 중국 농민은 조상 대대로 내려온 재산을 처분하고 2만 6000여 개의 인민공사에서 공동생활을 했다. 살고 있던 집을 부수고 거기서 나온 목재로 공동막사를 지었다. 철제로 된 농기구는 산업용으로 재활용될 수 있도록 기부해야 했다. 연장도 없이 농사를 짓게 하는 데다 능력에 상관없이 공동생산 공동분배 방식으로 운영하니 생산성이 나아질 리가 없었다. 식량은 점점 줄어들어 갔다.

참새척결운동은 이러한 배경에서 1958년 10월부터 베이징을 필두로 시작됐다. 먼저 '참새섬멸총지휘부'가 만들어졌다. 한 성에서는 그해 320만 마리의 참새를 잡아들였다. '참새 1마리가 매년 곡식 2.4킬로그램을 먹어치운다'는 국영기관의 분석대로라면 320만 마리의 참새는 총 7680만 톤을 먹는다. 사람 한 명이 1년에 240킬로그램의 쌀을 소비한다고 했을 때 참새는 중국인 3만 2000명의 1년치 식량을 먹어치운다는 계산이 나온다. 참새를 잡으면 그만큼의 식량이 늘어난다는데 나서지 않을 사람은 없었다. 그것도 '신과 같은' 마오 주석의 언명이니 말이다. 당시의 공산당 성명이다.

* 1958년부터 시작된 제사해운동은 곡물 수확량을 높이기 위해 참새를 근절하자는 내용이 주된 것이었다.

"참새를 박멸하는 것은 마오 주석과 당 중앙이 우리에게 하달하신 정치적 임무입니다. 남녀노소를 불문하고 대오를 맞추어 모두 새총을 쥐어야 합니다. 새총을 쓸 수 없다면 징을 울립시다. 징이 없다면 세숫대야라도 울립시다. 세숫대야가 없다면 모두 목청껏 함성을 질러봅시다. 모두가 이렇게 한다면 그 새가 박멸되지 않겠습니까? (…) 그 새들이 땅이나 가지 위나 지붕 처마에 앉지 못하게 하여, 저 양식이나 축내는 교활한 놈들을 지쳐 죽게 해야 하는 겁니다!"

사람들은 참새를 잡기 위해 독극물 과자를 뿌려놓거나 총을 사용했다. 이것만으로는 부족해서 솥이나 냄비를 들고 나와 소리치고 두드리면서 참새를 놀라게 했다. 사람들이 쉴 새 없이 질러대는 통에 내려앉아 쉬지 못한 참새들은 하늘을 날다 탈진해 죽었다. 참새가 그 넓은 산천을 떠돌아도 쉴 곳이 없을 정도였다니 얼마나 많은 사람이 동원돼 참새의 혼을 빼놨었는지 짐작할 수 있다. 이렇게 잡힌 참새는 1958년에만 중국 전역에서 2억 1000만 마리에 달했다고 한다.

> **편향적인 주장이 원하지 않았던 결과**

참새척결운동의 결과는 마오쩌둥이 의도한 대로였을까? 놀랍게도 쌀 수확량은 오히려 크게 줄어든 것으로 나타났다. 여기에는 몇 가지 이유가 있었다. 대약진운동을 위해 철강산업에만 매달리는 바람에 곡식을 수확할 인력이 모자란 점, 공동생산 공동분배 방식의 비효율적인 인민공사 운영으로 생산 의욕이 떨어진 점, 수확한 곡식마저 채무 탕감용으로 소련에 납부한 점 등이다.

여기서 빼놓을 수 없는 것이 참새박멸이었다. 참새는 실제로 곡식을 축내기도 하지만, 작물에 기생하는 각종 해충을 잡아먹는 역할도 한다. 참새가 사라지니 메뚜기를 비롯한 해충이 기승을 떨었고, 그로 인해 작황이 급격히 추락한 점을 간과할 수 없다.

식량 부족으로 굶어 죽은 사람이 1958년만 해도 172만 명으로 집계됐다. 1959년에는 475만 명, 1960년에는 1109만 명이었다. 당시 중국 통계가 정확하지 않았을 것이라는 추정하에 3년간 4000만 명이 사망했다고 계산하는 사람도 있다. 일부 지역에서는 먹을 게 없어 시신을 먹는 일까지 벌어졌다고 한다.

사정이 이쯤 되자 마오쩌둥에 대해 당내 비판이 일기 시작했다. 참새소탕작전에 대한 비난뿐만 아니라 대약진운동이 별다른 성과를 내지 못한 데 대한 책임론까지 불거졌다. 마오는 자신의 정치적 입지가 무너질까봐 뜻을 굽히지 않다가 점점 수세에 몰리자 흐루쇼프 서기장에게 부탁해 연해주에서 20만 마리의 참새를 공수해 오기도 했다. 이 와중에 1959년 장징푸張勁夫 과학원 당서기가 마오에게 참새를 잡는 일이 생태계 파괴로 인한 재앙을 가져온다는 내용의 보고서를 제출했다. 덕분에 〈전국농업발전강요〉의 제27조, 즉 제사해 항목에서 문제의 참새가 사라지고, '빈대'로 대체됐다基本

上消灭老鼠, 臭虫, 苍蝇和蚊子. 4해는 쥐, 빈대, 파리, 모기가 되었다. 하지만 마오가 참새잡기를 포기했다고 해서 멸종 위기에 있던 참새가 하루아침에 늘어날 리 없는 노릇이었다. 그 여파로 1962년까지 340만 명이 더 굶어 죽었다고 한다.

결국 마오쩌둥은 기근에 따른 대량 사망사건으로 정치적 타격을 입고 2선으로 물러났다. 마오쩌둥이 추진한 참새잡기는 단순한 생각에서 시작했지만 그 결과는 자신의 입지를 위험하게 만드는 결과로 이어진 셈이다. 여기서 마오는 자신의 신념만이 옳다는 생각이 틀렸음을 배워야 했다. 하지만 그는 이후 1960년대에 시작한 '문화혁명'으로 정치적 복귀에는 성공했으나 과거로부터 배우지 못했음을 보여주고 말았다. 문화혁명 역시 한 가지만 옳다는 신념에서 비롯된 그릇된 정치운동이었다는 사실이 얼마 지나지 않아 확인됐기 때문이다. 홍위병을 앞세운 집단 광기는 중국인의 삶을 피폐하게 만들었고, 중국은 정치적 소용돌이에 휘말려 10년간의 암흑기를 맞았다.

> **편향은 선악을
가리지 않는다**

마오쩌둥의 참새 이야기는 그저 사회주의 국가의 비효율성이나, 권위주의 체제의 비이성적 정치행위에만 초점을 맞춰 거론할 일이 아니다. 이런 유형의 일들이 자본주의 국가에서도 벌어지기 때문이다. 그 예가 1900년대 초반 미국에서 나왔다. 1901년 26대 대통령에 취임한 루스벨트Theodore Roosevelt 대통령이 그 중심인물이다. 그는 집권 시절 자연보호구역을 많이 지정했다. 덕분에 역대 미국 대통령 가운데 가장 환경친화적이라는 평가를 들었다.

또한 그는 퓨마를 "큰 말도 죽일 수 있는 고양이, 사슴 약탈자, 운명적으로 잔인성과 비겁함을 타고난 살인의 제왕"이라고 묘사하며 취임 직후부터 유해한 야생동물 제거에 나섰다. 명분은 '유해한 짐승'으로부터 국민을 보호하겠다는 것이었다. 그 결과 애리조나주 북부 카이바브고원에서는 1906년부터 25년 동안 퓨마, 늑대, 코요테 등이 6000마리나 사라졌다.

당시 자연보호구역 내에는 사슴 4000여 마리가 살고 있었고 그들을 보호하기 위해 수렵을 금지하기도 했다. 사슴을 잡아먹는 동물들이 사라지자 사슴 수가 1923년에 무려 6만~7만 마리로 늘어났다. 사슴 수의 급격한 증가는 생태환경에 큰 변화를 불러왔다. 불어난 사슴들이 어린 싹까지 다 뜯어먹는 바람에 일대 초원이 황폐화되기 시작했다. 먹을 것이 줄어드니 사슴 수도 1931년 2만 마리, 1939년 1만 마리로 급격히 줄어들었다. 개체 수가 늘어난 사슴에 의해 들판이 황폐화되면서 사슴 또한 살 수 없는 환경이 된 것이다. 마오쩌둥이 참새를 잡으라고 한 명령과 마찬가지로 루스벨트의 야생동물 사냥이 가져온 결과도 생태계 교란이었다. 늑대 등 포식동물이 초식동물의 개체 수를 조절하는 기능을 한다는 사실을 전혀 몰랐기 때문에 벌어진 일이었다.

이런 예들을 통해 알 수 있는 것은 어떤 일이든 한 면만 갖고 있지 않다는 점이다. 세상일은 모두 연결돼 있어서 어느 한 쪽이 약해지면 다른 쪽이 강해지는 식으로 단순하게 결론이 나지 않는다. 따라서 절대선, 절대악도 없다고 봐야 한다. 마오와 루스벨트의 공통된 잘못은 사물의 다양성을 보지 못했다는 점이다. 같은 맥락에서 인류에게 최악의 독극물로 낙인찍힌 살충제 DDT를 보자.

팩트와
스토리를 구분하는 힘

디클로로 디페닐 트리클로로에탄dichloro-diphenyl-trichloroethane이라는 긴 이름을 가진 DDT는, 우리에게 악명 높은 살충제다. 우리나라는 1979년 이후 생산을 중단하고 판매도 중지한 상태다. 미국에서는 1972년 생산 중단 조치를 내렸다. 사람을 비롯한 자연 생태계에 좋지 않다는 결론이 내려졌기 때문이다.

DDT는 탁월한 효과 덕분에 20세기 중반까지 광범위하게 사용되던 살충제다. 70대 이상의 어른들은 대부분 어린 시절 머리와 몸에 하얀 가루를 뿌려 이와 빈대를 잡았던 기억을 가지고 있을 것이다. 그게 DDT였다. 살충제를 사람 몸에 직접 뿌려도 상관없다고 생각할 만큼 무지한 시절의 이야기다.

> **효과 빠른
> 만능 살충제의 등장**

DDT가 처음 세상에 등장한 것은 1874년이었다. 오스트리아 출신의 자이들러O. Zeidler라는 화학자가 합성했는데, 그는 이 물질의 효과를 제대로 몰랐다. 살충 효과가 확인된 것은 1939년 스위스 과학자 파울 헤르만 뮐러Paul Hermann Muller에 의해서였다. 뮐러는 이 연구로 1948년 노벨 생리의학상을 받았다.

뮐러는 1차 세계대전 당시 벼룩이나 이가 옮기는 티푸스 같은 전염병에 많은 사람이 목숨을 잃는 것을 보고 살충제에 관한 연구를 시작했다. 그는 살충제를 개발하면서 몇 가지 원칙을 세웠다. 첫째로 곤충에게는 독이지만 사람이나 포유류, 어류, 식물에게는 무해해야 하고, 둘째로 효과가 빨라야 하며, 셋째로 냄새가 독해서는 안 되고, 넷째로 싼값에 대량생산이 가능해야 한다는 것이었다. 뮐러는 여기에다 되도록 많은 종류의 곤충에게 효과가 있어야 하고, 한 번 뿌리면 오랫동안 작용할 수 있도록 안정적이어야 한다는 조건을 덧붙였다. 이 조건에 딱 맞는 것이 DDT였다.

DDT는 뮐러가 확인한 대로 기존 살충제보다 효과가 뛰어나고 값이 쌌으며 인체에 무해한 것으로 알려져서 급속히 보급됐다. 무엇보다 이, 모기 등을 퇴치함으로써 티푸스나 말라리아를 예방하는 효과가 탁월했다. 1945년 이후에는 농약으로도 널리 사용돼 농작물의 작황을 증진시키는 데 큰 도움이 되었다.

더군다나 DDT는 기존 살충제와 달리 뿌리는 즉시 효과가 나타난다는 장점이 있었다. DDT는 벌레의 몸통에 닿기만 해도 효과를 보이는 접촉성 살충제였다. 기존 살충제는 곤충이 먹어야 작용했기 때문에 살충 효과가 나타나는 데 시간이 걸렸다. DDT는 물에 잘 녹지 않는 대신 곤충의 표면을 이루는 지방층에 잘 흡수되기 때문에 효과가 빨랐다. 시장은 이를 놓치지 않았다. 1942년부터 여러 화학회사가 생산에 나서 살충제 매출액은 급속도로 상승했다.

여기에 2차 세계대전이 발발하며 DDT 확산에 결정적인 역할을 했다. 1943년 겨울, 이탈리아 나폴리를 점령한 연합군 사이에서 발진티푸스가 번지기 시작하자 DDT를 대대적으로 사용한 것이다. 겨울에 창궐하는 발진티푸스는 치명적이다. 이가 티푸스를 옮기는데, 두꺼운 옷을 입는 겨울에는 이가 숨을 곳이 많기 때문이다. 하지만 DDT로 이를 박멸하는 수준에 이르자 티푸스 발병이 잦아들었다. 연합군은 이후 독일의 포로수용소를 해방시켰을 때도 사람들에게 DDT를 뿌렸다(《안네의 일기》의 안네 프랑크도 독가스가 아니라 티푸스에 걸려 치료받다 숨졌다).

태평양 전선에서 일본군과 맞서 싸우던 미군은 동남아 열대우림에 창궐하는 말라리아에 속수무책이었다. 맥아더 장군은 "말라리아를 잡지 못하면, 전투에 참여하는 사단 하나당 말라리아에 걸려 병원에 누워 있는 사단 하나, 그리고 병에서 회복 중인 사단 하나가 필요할 것"이라고 말할 정도였다. 이런 상황이 호전된 것 역시 군용기로 DDT를 밀림에 대량 살포한 덕분이었다.

전쟁이 끝나고 난 뒤에도 DDT는 만능 살충제처럼 여겨졌다. 미국 주정부는 모기통제프로그램mosquito control program을 도입해 DDT 살포에 나섰다. 미국의 살충제 생산량은 1947년 5만 5800톤에서 1960년 28만 7000톤으로 5배나 증가했다.

✱ 미국 군인에게 DDT를 살포하는 모습. DDT는 전쟁이 탄생시킨 만능 살충제였다.

> **침묵의 봄이
남긴 것**

이런 흐름은 1957년부터 바뀌기 시작했다. 그즈음 곤충들이 DDT와 같은 살충제에 내성을 갖는다는 사실이 알려지기 시작했다. DDT의 효력이 떨어지자 이보다 더 강한 약효를 가진 살충제들이 도입되었다. 또 많은 종류의 곤충에게 효과가 있어야 한다는 뮐러의 의도에 따라 만들어진 DDT가 해충은 물론 천적마저 죽여버린다는 것이 밝혀졌다. 게다가 약효가 오랫동안 작용하는 것이 결과적으로 동물의 체내 DDT 축적량과 잔존 기간을 늘리는 부작용을 낳았다. 분해가 잘 되지 않는 오염물질은 먹이연쇄 과정을 거치면서 상위 포식자로 갈수록 체내 잔존량이 점점 많아진다. 바다의 최상위 포식자에 해당하는 참치를 많이 먹는 일본인의 체내 수은 함량이 가장 높은 것도 이런 현상 때문이다.

실제로 1950년대에 들어서자 미국에서 여러 피해가 드러났다. 떼죽음당한 물고기가 수면 위로 떠오르고, 봄철에 자주 목격되던 울새와 미국의 상징인 흰머리수리의 개체 수가 급격히 줄어들었다. DDT는 잘 분해되지 않아 토양에 잔존하는 주기가 길고, 먹이연쇄 과정을 거쳐 몸속 지방에 주로 쌓인다는 사실이 뒤이어 확인됐다. 또 새의 알껍데기에 필수적인 칼슘을 부족하게 만들어 알이 쉽게 깨졌다.

DDT의 유해성 문제가 사회적으로 이슈화된 것은 1962년 출간된 《침묵의 봄 Silent Spring》[#5]이란 책이 결정타였다. 미국의 여성 생물학자이자 베스트셀러 작가인 레이첼 카슨 Rachel Carson이 4년 동안 미국의 전 지역에서 수집한 자료와 주민 인터뷰, 과학자 증언 등을 토대로 쓴 책이었다. '침묵의 봄'이라는 제목은, 봄철이 되면 새가 알을 낳고 새끼가 태어나 지저귀는 소리가 들려야 하는데 DDT 때문에 알이 쉽게 깨지면서 개체 수가 줄어 새소리를 들을 수 없다는 의미였다. 카슨은 책 1장 〈내일을 위한 우화〉에서 이렇게 표현했다.

"미국 대륙 한가운데쯤 모든 생명체가 환경과 조화를 잘 이루며 살아가는 마을이 하나 있다. (…) 그런데 어느 날 낯선 병이 이 지역을 뒤덮어버리더니 모든 것이 변하기 시작했다. 어떤 사악한 마술의 주문이 마을을 덮친 듯했다. 닭들이 이상한 질병에 걸렸다. 소 떼와 양 떼가 병에 걸려 시름시름 앓다가 죽어갔다. 마을 곳곳에 죽음의 그림자가 드리워진 듯했다.
(…) 낯선 정적이 감돌았다. 새들은 도대체 어디로 가버린 것일까? (…) 들판과 숲과 습지에 오직 침묵만이 감돌았다. (…) 처마 밑으로 흐르는 도랑과 지붕널 사이에는 군데군데 흰 알갱이가 남아 있었다. 몇 주 전 마치 눈처럼 지붕과 잔디밭, 밭과 시냇물에 뿌려진 가루였다. 이렇듯 세상은 비탄에 잠겼다. 그러나 이 땅에 새로운 생명이 탄생하는 것을 가로막은 것은 사악한 마술도, 악독한 적의 공격도 아니었다. 사람들이 스스로 저지른 일이었다.
(…) 오늘날 미국의 수많은 마을에서 활기 넘치는 봄의 소리가 들리지 않는 것은 왜일까? 그 이유를 설명하기 위해 이 책을 쓴다."

살충제는 독성의 강도에 따라 맹독성, 고독성, 보통독성, 저독성 등 4단계로 분류되는데, DDT는 세 번째인 보통독성에 해당한다. 흔히 알고 있듯이 DDT가 맹독성이라서 사용금지된 것이 아니다. 그런데도 DDT를 더 나쁘게 생각하는 이유는 독성보다 잔류성에 있다. 살충제 성분이 몸속에 오랫동안 남아 다른 질병을 유발하기 때문이다. 과거에는 잘 몰랐지만 그 위해성을 알고도 계속 사용하자고 할 사람은 없을 것이다.

카슨의 이런 주장이 처음부터 대중에게 먹혀들었던 것은 아니다. 《뉴욕타임즈》를 비롯한 여러 언론이 카슨이 쓴 책 내용에 대해 "터무니없다"고 보도했고, 정치인들은 카슨을 공산주의자라고 몰아붙였다. 화학산업계의 입장을 대변하는 변호사들은 카슨을 상대로 소송을 걸겠다고 위협했다. 몇몇 의사들은 카슨이 정신분석학적으로 허튼소리를 하고 있다고 주장하기도 했다. 카슨이 원래 동물학자라는 점을 들어 전문가가 아닌 사람이 하는 주장을 믿을 수 없다고 반박하는 비평가도 많았다. 법원도 마찬가지였다. 1957년 롱아일랜드에서 정부가 매미나방을 죽이기 위해 DDT를 대량 살포했을 때 이를 중지시켜 달라며 주민들이 제기한 소송을 법원은 기각했다.

하지만 살충제로 인한 피해가 사라지거나 감춰지지는 않았다. 카슨의 책은 이미 목격되고 있는 현실을 더 많은 사람에게 공개한 것뿐이었다. 대중의 폭발적인 반응에 힘입어 이 책은 '환경운동'의 기폭제가 됐다. 미국 의회는 1969년 1월 국가환경정책법을 통과시켜 살충제, 제초제, 살균제 등이 동물에게 미치는 영향을 조사하도

* 1963년 미국 CBS에서 《침묵의 봄》이 다룬 DDT의 유해성에 대한 프로그램을 방영했다. 이 방송을 통해 수천만 명이 레이첼 카슨의 이야기를 들었다.

록 했다. 1970년 12월에는 환경문제를 전담하는 연방기구로 환경보호청EPA이 설립되기에 이르렀다.

　DDT를 살충제로 만든 뮐러 박사는 《침묵의 봄》의 출간 즈음 일선에서 물러났다. 한때 질병에서 인류를 구한 영웅이었던 그는 더 이상 존경의 대상이 아니었다. 오히려 그는 카슨이 DDT의 위해성을 널리 알린 덕분에 환경 파괴의 주범이 돼버렸다. 그는 1965년 뇌졸중으로 사망했는데, 유족들이 "이제야 그가 비난의 목소리로부터 자유로워져서 다행"이라고 말할 정도였다.

> ### DDT는 부정해야 할 절대악인가

오늘날 환경의 중요성이 강조되는 시대에 DDT를 비판하는 것은 당연한 일이다. 사람과 자연에 해로운 물질이 다시는 개발되지 않아야 하는 것도 사실이다. 그런데 뮐러 박사를 변명하자면 그가 비난받을 일만 한 것은 아니었다. 그 이유는 살충제가 우리에게 왜 필요했었는지를 상기해보면 금세 알 수 있다. 그의 연구가 완벽했는지 여부를 떠나 당시에는 인류를 구한다는 목적의식이 우선했고 실제로 어느 정도 효과도 거뒀기 때문이다.

　1955년 WHO는 말라리아추방계획을 세워 전 세계적으로 DDT를 적극 사용하는 방식을 채택했다. 당시 WHO 통계에 따르면 말라리아 사망률은 DDT 사용 전 10만 명 중 192명에서, DDT 사용 후 7명으로 줄어들었다. 베네수엘라에서는 말라리아 환자 수가 1943년 800만 명에서 1958년 800명으로 줄어들었고, 인도에서는

1935년 1000만 명 이상에서 1969년 28만 6000명으로 보고되었다. WHO는 공식적으로 DDT가 1억 명의 인명을 말라리아로부터 구했다고 평가했다. WHO가 DDT 살포 사업을 중단한 것은 1969년에 와서였다. 해로움 못지않게 그간의 성과도 상당했다는 평가가 나오는 이유다.

DDT가 독성물질이라는 것에는 의심할 여지가 없다. 해충만 없애는 것이 아니라 다른 동식물에게도 무차별적으로 영향을 주며 오랫동안 피해를 입힌다. 하지만 그에 못지않은 DDT의 효과를 경험한 인류는 타협을 할 수밖에 없었다. 그렇다면 DDT의 사용 범위를 어디까지 허용할 것인가.

대부분의 국가에서 DDT 사용을 금지한 이후 걱정하던 일이 벌어졌다. WHO는 2015년 발표에서 세계적으로 2억 1200만 건의 말라리아 발병 사례가 보고됐으며, 약 43만 명이 사망했다고 밝혔다. 이 중 90퍼센트 이상이 아프리카 사하라사막 이남 지역의 5세 미만 아이들이었다고 한다. 이 때문에 일부 비평가들은 극단적인 환경론자들이 부유한 국가의 국민을 살리기 위해 DDT 사용을 금지시킴으로써 정작 가난한 나라의 국민이 죽어가고 있다고 비난한다. DDT를 사용하지 않음으로써 환경 파괴는 막을 수 있겠지만, 그로 인해 더 많은 사람이 죽어간다는 것이다. 다른 살충제는 DDT보다 비싸기 때문에 가난한 나라에서는 다른 살충제를 뿌릴 여력이 없다. 모기가 창궐하는 나라일수록 사람값이 살충제값보다 싼 것이 현실이다.

대부분의 나라에서 DDT 사용금지를 원칙으로 하는 오늘날에도 동남아 및 아프리카의 국가들은 모기 살충제로 DDT를 사용하고 있다. 또 잔류성유기오염물질 사용을 제한하기 위해 2001년 체결된 스톡홀름협약도 이 지역의 25개 국가에 대해서는 말라리아 퇴치를 위해 WHO의 안전지침을 준수하는 범위 내에서 대체물질이 개발될 때까지 DDT를 사용할 수 있도록 허용했다. 말라리아, 뎅기열, 지카바이러스 등의 치명적인 질병을 일으키는 매개체인 모기를 죽이는데 DDT만 한 것이 아직 없다고 판단한 것이다. 2006년 9월, WHO는 아프리카 국가에 한해 농업 부문을 제외하고 말라리아 퇴치를 위해 실내 분무 방식indoor residual spray으로 DDT 사용을 허용했다. 대신 2014년까지 사용량의 30퍼센트를 줄이고, 2020년에는 완전 사용중단이라는 목표를 설정했다.

그렇다면 답은 살충제를 쓰더라도 DDT처럼 해악을 끼치지 않으면서 그와 비슷한 효과를 내는 살충제를 개발하면 된다는 쪽으로 기운다. 살충제를 비롯한 각종 화학물질을 사용하지 않는 게 제일 좋겠지만 그런 일은 현실적으로 불가능하다. 여기서부터 문제가 복잡해진다. 많은 나라가 DDT를 사용하지 않아도 좋을 정도의 환경을 갖추고 있다. 그들은 대부분 부유한 나라다. DDT가 필요한 나라를 위해 굳이 새로운 살충제를 개발하는 비용을 부담할 이유가 없다. DDT만큼 강력한 살충제가 필요한 나라에 자금을 지원하는 방법도 있지만, 기부 국가들은 기아 대책용 자금 지원에 더 몰두하고 있다.

이와 관련한 경고의 목소리는 여기저기서 나온다. 프랑스 칼럼니스트 기 소르망Guy Sorman은 《진보와 그 적들》이라는 저서에서 "어떤 사람들이 단지 신중해야 할 필요성을 느낀다는 이유로 어떤 연구가 중지되거나 상품화가 금지되는 것은, 다른 사람에게는 매우 위험스러운 아니 치명적인 결과를 야기할 수 있다. 신중의 원칙Principle of Precaution에 따라 어느 한 곳에서 금지시킨 어떤 상품 때문에 다른 곳에서는 죄악에 가까운 결과가 나타나는 것이다"라고 주장했다. 'DDT 사용 금지'로 균형 감각이 상실되어 아프리카 국가들이 피해를 입었다는 의미다.

> **노벨상 수상자는 왜 그린피스와 싸우는가**

DDT처럼 해악을 끼친다는 것이 증명되지 않았는데도 환경론자가 꾸준히 반대하는 것 중 하나가 유전자변형작물GMO이다. GMO는 옥수수, 밀, 쌀 등이 거론되는데, 세계적인 환경운동단체인 그린피스가 GMO반대캠페인을 벌이고 있다. 그린피스의 논리는 GMO가 사람 몸속으로 들어오면 사람의 유전자도 변형을 일으킬 우려가 높다는 것이다.[6]

이 주장이 과학적인지 아닌지를 따지기 전에 일단 자연 그대로 수확된 곡물이 아니므로 GMO를 먹기가 찝찝한 것은 사실이다. 누구라도 웬만하면 GMO가 아닌 곡물을 먹는 게 낫다고 생각할 법하다. 그렇다면 왜 하필 주요 식량인 작물들의 유전자를 변형해서 생산하려고 할까. 유전자 조작 기법은 작물의 생산량을 늘리고 필요한 영양소를 강화하는 데 크게 기여하기 때문이다. 이를 통해 인류의 상당수가 굶주림에서 해방될 수 있었다.

유전자 서열을 발견해 1993년 노벨 생리의학상을 수상한 리처드 로버츠Richard J. Roberts 미국 노스이스턴대학교 박사 역시 이 점을 강조했다. 로버츠 박사는 2017년 9월 한국과학기술한림원 주최로 열린 워크숍에 참석해 "그린피스는 반인류 범죄를 저지르고 있다"고 맹비난했다. 그는 그린피스의 반反GMO캠페인에 대해 100명이 넘는 노벨상 수상자가 서명한 공개 항의서를 보내는 운동을 주도했다. 로버츠 박사가 협조요청 편지를 보낸 대상자는 296명이었다. 이는 1901년부터 2015년까지의 노벨상 수상자 874명 가운데 살아있는 사람의 수였다. 그중 3분의 1이 넘는 수상자가 로버츠 박사의 의견에 호응한 것이다.

당시 로버츠 박사가 거론한 GMO는 골든라이스Golden Rice(유전자 조작으로 색깔이 노랗게 변해서 붙여진 이름이다)다. 비타민 A가 풍부하다고 알려진 골든라이스는 개발된 지 18년이 지났지만 여전히 유통되지 못하는 상태다. 로버츠 박사는 이 쌀만 시중에 풀렸어도 2002년 이후 전 세계적으로 약 1500만 명의 어린이가 비타민 A 결핍증으로 죽거나 고통받지 않았을 거라고 주장했다. 그린피스는 이에 대해 "골든라이스는 실패한 해결법"이라고 반박했다. 오랜 시간 연구했지만 아직까지 판매허가가 나지 않는 것은 환경단체의 반대 때문이 아니라, 먹어도 안전하다는 것이 입증되지 않았고 비타민 A가 보강된 것도 아니기 때문이라는 주장이다.

이 문제는 아직 양쪽의 주장이 팽팽히 맞서 결론이 나지 않은 상태다. 다만 로버츠 박사의 환경론자의 주장에 대한 반박이 DDT를 전면 금지하면 안 된다는 논거와 매우 비슷하다는 점을 눈여겨 볼 필요가 있다. 식량이 문제가 되지 않는 유럽연합EU 등 선진국과 달리 식량난에 시달리는 아프리카, 남미, 아시아 지역을 먼저 생각해야 한다는 것이다.

이런 관점을 가진 사람 중에는 베스트셀러《이기적 유전자》의 저자로 널리 알려진 리처드 도킨스Richard Dawkins도 있다. 일부에서는 도킨스를 극단적 과학주의자라고 폄하하지만(그는 스티븐 호킹 박사와 함께 무신론자로도 유명하다) 유전자 연구자인 그의 말을 들어볼 필요는 있다. 그는《악마의 사도》라는 책에서 이렇게 말했다.

"GMO의 위험이라는 것은 기껏해야 추정에 불과하다. 더 정확히 말해 유전자 변형은 다른 온갖 변형과 마찬가지로 좋은 방향으로 변형하면 좋은 것이고, 나쁜 방향으로 변형하면 나쁜 것이다. 가축의 교배나, 자연선택 자체가 그렇듯이 유전자 변형 기술이란 적당한 새로운 DNA 소프트웨어를 들어오는 것이다."

그의 말은 GMO가 그저 생산량을 증가시키기 위한 여러 도구 중 하나일 뿐이라는 의미다. 우량한 등급의 가축끼리 교배해 질병에 강하고 번식력이 뛰어난 소나 돼지를 만드는 것과 같은 방식인데 곡식을 대상으로 한다고 뭐가 다르냐는 말이다. 그는 영국의 찰스 황태자가 GMO를 거부하는 입장을 밝히자 〈황태자에게 보내는 편지〉라는 공개서한을 통해 GMO를 거부하는 것은 종교적이고 비과학적인 편견에 사로잡힌 태도라고 맹렬히 비판하기도 했다.

환경이 먼저냐, 사람이 먼저냐고 묻는데 환경이 먼저라고 답할 사람은 많지 않다. 환경을 선택한다는 입장 역시 결국 사람을 위해서다. 사람이 없다면 환경이 나빠지는 일도 없겠지만, 환경을 지켜야 하는 이유 역시 사람임을 생각해봐야 한다(지구환경을 위해 인류가 사라져야 한다고 주장하는 극단적인 환경론자도 있기는 하다).

카슨이 DDT의 위해성을 널리 알린 것은 분명히 의미 있는 일이었다. 다만 DDT의 공로는 그것대로 알고 있어야 한다. 우리의 사고 태도도 마찬가지다. 우리는 카슨을 칭찬할 것인가, 아니면 DDT를 개발한 뮐러 박사를 칭찬할 것인가. 환경단체 때문에 골든라이스가 시중에 나오지 못하고 있다는 로버츠 박사와 반GMO캠페인을 벌이고 있는 그린피스 중에 누가 더 옳을까. 이런 주제를 이야기할 때 가장 중요한 것은 팩트와 스토리를 구분 짓는 것이다. 추론이나 느낌이 아닌, 팩트에 근거해야 논거가 분명해진다. 그때 우리의 토론은 생산적이 된다.

#5 원래 '자연과 맞선 전쟁' '자연과의 전쟁' 두 개가 제목 후보였다. 출판편집자가 카슨에게 '침묵의 봄'이 어떠냐고 물었으나, 카슨은 마음에 들어 하지 않았다. 침묵의 봄은 원래 영국 시인 존 키츠(John Keats)의 시 〈잔인한 미녀〉의 시구에서 착안한 것이었다. 편집자는 "호숫가의 풀은 시들고 / 새들은 노래하지 않네"라는 구절이 카슨이 연구하던 DDT의 폐해가 어떻게 나타나는지를 잘 보여준다고 생각했다. 결국 카슨은 이를 제목으로 다는 것에 동의했다. 자연계에 대해 전문적인 용어를 사용하지 않으면서 대중을 이해시키는 방법을 찾는 것은 카슨이 평생 추구해오던 길이었기 때문이다.

#6 농산물의 안정성을 이야기할 때는 크게 두 가지 위협요소를 따진다. 화학적 위협요소와 생물학적 위협요소다. 화학적 위협이란 농약이나 살충제 등을 사용하는 것이 인체에 얼마나 해를 끼치느냐를 의미하고, 생물학적 위협은 박테리아나 바이러스, 세균으로 인해 인체가 받는 위해성을 말한다.

학자들은 두 위협요소 가운데 생물학적 위협이 더 위험하다고 말한다. 화학적 위협요소는 화학물질의 사용량을 조절함으로써 통제가 가능한 반면 생물학적 위협은 통제하기가 어렵기 때문이다. 화학 농약을 사용하지 않는 유기농 농산물이 더 안전하다고 장담할 수 없는 이유다. 농약을 사용하지 않아 농산물에 기생하는 박테리아나 세균을 함께 섭취했을 때의 피해가 더 클 수 있기 때문이다(우리나라 기준으로 무농약 농산물은 농약을 사용하지 않은 농산물이 아니라, 농약 사용 권장량의 3분의 1 이하를 사용한 농산물을 일컫는 용어다. 이는 외국산 소를 국내에서 6개월 이상 기르고 나면 국내산 육우로 판정하는 것과 유사하다. 뭔가 앞뒤가 맞지 않는 듯하다).

옳음과 적합함의 불균형

앞서 소개한 사카린, DDT 등의 사례처럼 과학의 발전은 인류의 이성이 발전하는 과정과 보조를 맞춰왔다. 효율성을 추구하는 인류의 이성적 본능으로 과학이 발전하면서 인류의 삶도 그만큼 나아졌다. 바퀴의 발명이 인류사를 바꿔놓은 위대한 발명 중 하나로 꼽힐 만큼, 효율은 인류에게 매우 중요한 요소다. 효율은 비용과 노력을 줄여주는 대신 실적을 높여주므로 인류가 효율을 포기하는 것은 곧, 스스로 발전 가능성의 문을 닫는 꼴이다. 그럼에도 효율을 추구하는 본능에 역행하는 분야가 있는데 바로 친환경에너지다.

친환경연료는 당장의 효율성과는 다소 거리가 있는 주제다. 친환경연료는 바람이나 태양광, 파도 등을 이용해 생산된 에너지를 말한다. 석탄, 석유, 원자력에 비해 전력 생산 과정에서 환경에 직접적인 피해를 주지는 않지만 현재의 과학기술로는 생산량 대비 훨씬 많은 비용이 든다. 인류가 그럼에도 효율성보다 친환경성을 우선하는 것은 효율 추구의 성향보다 생존본능이 더 크기 때문이다.

석탄과 석유 등 화석연료는 연소 과정에서 각종 공해물질을 배출해 건강에 엄청난 해악을 끼친다. 원자력은 화석연료보다는 공해물질을 덜 배출한다고는 하지만 한 번 사고가 나면 그 피해가 엄청나다. 소련의 체르노빌, 미국의 스리마일섬, 일본의 후쿠시마 등에서 벌어진 원전(원자력발전소) 사고가 이를 말해준다. 그래서 생산비용이 더 높다는 것을 알면서도 안전하고 인류에 피해를 주지 않는 친환경연료를 찾는 것이다. 그런 점에서 친환경에너지를 확보하려드는 것은 원칙적으로 옳은 방향이다.

> **친환경에너지에 계산기를 들이대다**

그럼 친환경에너지를 생산하는 데 어떤 비용이 드는지 따져보자. 에너지 생산비용은 현재로서는 인류의 삶을 영위할 수 있을 만큼의 친환경에너지를 충분히 생산할 기술이 없거나 조건이 충족되지 못하기 때문에 발생한다. 예를 들어 배기가스를 배출하는 가솔린자동차를 없애고 친환경차량으로 각광받는 전기자동차를 사용하면 좋겠지만 인류는 아직 효율 높은 대용량 배터리를 개발하지 못했다. 이 부분은 수년 내에 가솔린자동차만큼 효율이 높은 배터리를 생산하는 방식으로 해결될 것이다. 하지만 더 큰 문제는 전기 생산 방식이다. 현재는 석탄이나 경유를 쓰는 화력발전소나 원자력발전소에서 전기를 주로 생산한다. 제주도가 탄소제로를 선언하고 관공서 차량을 전부 전기자동차로 바꾼다고 했을 때, 전기차가 쓰는 전기는 모두 육지에 있는 발전소에서 제공받는다. 제주도에서 전기차가 늘어나면 제주도의 공기는 좋아질지 몰라도, 우리나라 전체 공기오염 면에서는 제로섬에 가깝다는 말이다. 이런 역설은 전기자동차가 만들어질 때부터 제기된 문제다.

전기차는 180여 년 전인 1830년대 초반 스코틀랜드에서 처음 등장했다. 19세기 말에는 상용화 단계에 이르렀다. 1897년 뉴욕에서는 최초의 전기차 택시가 질주했다. 1900년대 초반까지만 해도 미국에서 자동차의 38퍼센트가 전기차였다고 하니, 놀라울 따름이다.

이후 석탄산업이 발달하고 산업혁명으로 내연기관이 등장하자 효율성에 밀린 전기차는 증기차, 가솔린차로 대체됐다. 전기차는 비싼 데다 속도가 느리고, 충전용 대용량 배터리를 장착해야 해서 무거웠고, 장거리를 이동할 수 없다는 단점이 있었다. 이 단점을 완벽하게 커버한 가솔린차는 이후 대규모 유전이 발견되면서 기름값이 싸진 데다, 1908년에는 헨리 포드가 컨베이어 벨트 방식으로 가솔린차인 '모델 T'를 대량생산하면서 미국 자동차시장의 주류가 됐다.

오늘날 다시 전기차가 '친환경'이라는 수식어를 달고 전면에 등장하기 시작했다. '과거로부터의 귀환'이라고 말해도 좋을 정도다. 배터리 용량에 관한 기술 발전으로 생산 및 유지비도 낮아져서 가까운 미래의 자동차는 전부 전기차로 대체될 전망이다.

관건은 역시 어디서 전기를 생산하느냐다. 아직은 화력, 수력, 원자력에 주로 의존하지만 최근에는 친환경적 접근 방식이 도입되고 있다. 재생에너지라고 부르는 바로 그것이다. 대표적인 예가 태

＊ 1904년 독일의 전기차 모습이다. 승객을 앞에 태우는 방식으로, 사진에서 운전사가 앉아 있는 부분이 운전석이다.

양광이다. 햇빛이 있는 곳이라면 얼마든지 전기를 생산해낼 수 있다는 것이 큰 매력이다. 세계적으로도 태양광산업은 성장하고 있다. 문제는 우리나라에서 태양광을 주력 발전시설로 채택하기에 적합한가다. 실상을 한번 보자.

> ### 친환경에너지의 조건

국제에너지기구IEA와 국제원자력기구IAEA의 예상에 따르면 우리나라의 균등화발전원가LCOE는 2020년을 기준으로 메가와트MW당 원자력 28.63달러, 육상풍력 111.64달러, 태양광 101.86달러다. 균등화발전원가란 발전소의 설계, 건설, 운영, 폐기물 처리 등에 이르기까지의 전 비용을 총 발전량으로 나눈 것이다.

2016년 우리나라는 원전 24기(발전설비 용량 2만 2529메가와트)를 가동해 16만 1995기가와트GW를 생산했다. 산업통상자원부에 따르면 전체 발전량에서 원자력이 차지하는 비중은 30퍼센트다. 석탄 40.2퍼센트에 이어 두 번째다. 이어 LNG 22.4퍼센트, 태양광과 풍력 등 신재생 4.1퍼센트다.

정부는 현재 신재생발전 비율을 4퍼센트에서 20퍼센트로 높이려고 한다. 그러려면 태양광은 37기가와트, 풍력발전은 16기가와트의 발전설비가 필요하다. 1기가와트를 높이는 데 필요한 부지면적은 태양광이 10제곱킬로미터, 풍력은 70제곱킬로미터다. 태양광의 목표를 맞추려면 서울 면적(605제곱킬로미터)의 61퍼센트인 370제곱킬로미터, 풍력은 서울 면적의 2배에 약간 못 미치는 1120제곱킬로미터가 필요하다.

이 면적은 어디서 확보할 수 있을까. 우리나라는 국토의 70퍼센트가 산지다. 산은 산림녹지 정책 덕분에 대부분 산림으로 뒤덮여 있다. 결국 태양광으로 대규모 발진을 하려면 시설면적을 확보하기 위해 산림을 훼손해야 한다는 이야기가 된다.

아시아 최대 규모를 자랑하는 '영월태양광발전소'를 예로 들어보자. 야산 3개를 깎은 부지에 들어선 이곳은 총 면적 1.1제곱킬로미터에 13만 개의 태양광발전 패널을 설치했다. 2013년부터 하루 평균 4.14시간을 발전해 40메가와트의 전기를 생산하고 있다. 우리나라에서 낮 시간이 하루 평균 11시간임을 고려할 때, 3분의 1 정도의 시간만 발전하고 있는 셈이다. 왜 이 시간 동안만 전기를 생산하는 것일까, 발전 시간을 늘릴 수는 없을까?

불가능하다. 우리나라의 위도로는 하루 평균 4시간 정도만 태양광발전이 가능하다. 미국 캘리포니아나 중동은 하루 평균 6~7시간씩 발전할 수 있다. 캘리포니아는 연간 일조시간이 3055시간에 달하는 반면 우리나라는 2016년 일조시간이 2321시간이었다. 나라별 연평균 일사량을 보면 1제곱미터당 한국 985킬로와트, 미국 1400킬로와트, 호주 1833킬로와트, 일본 1167킬로와트, 독일 958킬로와트다. 미국의 경우 캘리포니아 지역만 보면 연평균 일사량이 1제곱미터당 2200킬로와트가 넘는다.

우리나라보다 일사량이 적음에도 태양광발전 비율이 높은 독일을 벤치마킹하자는 이야기도 있다. 하지만 이 역시 우리나라에 적용하기는 힘들다. 독일은 우리나라보다 땅이 넓고 평지가 많아 태양광발전 패널을 넓게 설치할 수 있다. 또 건물과 주택 곳곳에 태양광발전시설이 잘 깔려 있다는 점도 다르다. 대도시에 아파트 위주로 건물이 들어선 우리가 따라 하기는 어렵다. 수십 층 높이의 건물 외벽 전체를 태양광발전 패널로 리모델링하는 한화빌딩(2019년 준공 예정)을 다른 모든 건물이 따라하지 않는 한 사실상 불가능하다. 게다가 독일조차 태양광발전으로는 전체 전기 소비량을 충당하기에 충분치 않기 때문에 원전을 폐기한 만큼의 부족한 전기를 외국에서 사온다. 주로 인근 프랑스로부터다. 프랑스가 국경 근처에 대규모 원전 시설을 갖고 있는 것도 이런 이유에서다.

자연조건만이 문제가 아니다. 태양광발전시설 설치를 반대하는 주민들의 목소리도 만만치 않다. 산림자원 및 환경 파괴, 전자파 발생, 발전소 태양전지로 인한 온도 상승, 지가 하락 등에 대한 우려 때문이다.

풍력발전소 설치 과정에서도 비슷한 내용의 주민 민원이 발생한다. 우리나라는 산악 지형이 많아 공기 흐름이 막혀 풍력발전기를 돌릴 만큼 바람이 세지 않다. 풍력발전기를 돌리려면 바닷가로 나가거나 산으로 올라가야 한다. 내륙에서 발전기를 설치하기 위해서는 산을 조금이라도 깎아내야 하며 대형 풍력발전기가 돌아가는 과정에서 소음과 식수원 오염, 주변 동식물에 대한 악영향도 무시할 수 없다. 2017년 경남 양산시 모동면에서 주민 200여 명이 풍력발전기 설치 반대 시위를 벌인 이유도 이와 같다. 경북 경주시 내남면, 경남 의령 한우산 부근, 경북 영양군 양구리, 경북 영덕군 등 전국 곳곳에서 갈등이 벌어지고 있다.

주민들이 신재생에너지 단지 설립을 원천적으로 반대하는 것은 아니다. 주택지 부근에 짓는 것이 문제라고 주장한다. 설치 조건의 한계로 주민들을 이주시키는 방법도 있지만, 이주비와 새로운 터전 조성에 대한 부담이 있다. 그렇다고 민가와 멀찍이 떨어진 곳에 지으면 생산된 전기를 거주지까지 끌어오는 시설을 설치하는 추가 비용이 발생한다. 이래저래 비용은 더 들게 마련이다.

> **사회적 합의가 필요하다**

이처럼 신재생에너지 시설을 설치하는 데 따른 비용이 만만치 않게 들면 결국 전기요금 인상이 불가피해진다. 요금이 오르더라도 친환경이 옳은 방향이므로 감내하겠다는 주민 혹은 국민 전체의 합의가 전제되지 않으면 안 된다.

이를 증명하는 적절한 사례가 캐나다 온타리오주다. 캐나다는 2003년부터 에너지 정책을 손보기 시작해 2008년부터는 신재생에너지 정책을 적극적으로 확대했다. 특히 온타리오주는 캐나다 연방 정부와 힘을 합쳐 발전·송전시설 개조에 나서고 석탄발전소를 2011년부터 단계적으로 줄여나가다 2015년 전면 폐쇄했다. 2015년 기준으로 온타리오주의 발전설비 용량은 총 35메가와트인데 원자력 비중이 36퍼센트, 천연가스 28퍼센트, 수력 24퍼센트, 풍력 10퍼센트의 순서였다. 이로써 온타리오주는 북미에서 신재생에너지 생산이 제일 많은 지역이 됐다. 2020년까지 원자력 비중을 27퍼센트로 줄이고, 풍력발전 비중은 14퍼센트, 태양광발전 비중은 9퍼센트까지 늘릴 예정이다.

문제는 이로 인한 전기요금 상승이었다. 10년 사이 급격한 정책 전환을 시도하면서 온타리오주의 전기요금이 2008~2016년간 71퍼센트나 올랐다. 캐나다 내 다른 지역의 요금이 같은 기간 중 평균 34퍼센트가 오른 것에 비해 2배가 넘는 수치다. 그러자 기업들이 전기요금 압박을 견디지 못해 다른 지역으로 공장을 옮기기 시작했다. 2008년 이후 온타리오주에서 11만 6400명의 일자리가 없어졌다. 그중 64퍼센트가 높은 전기요금 때문이라고 밝혀졌다. 신재생에너지 시설이 들어서면서 늘어난 일자리 수보다 제조업 분야에서 사라진 일자리가 1.8배 많다는 보고서가 나올 정도였다.

기업이 이럴진대 일반인이 전기요금 인상으로 인한 영향에서 자유로울 리 없다. 2015년 온타리오주는 전기요금을 체납한 56만 가구 중 6만 가구에 대해 전기 공급을 끊었고, 주민 반발은 극심했다. 온타리오주 정부는 나중에 겨울철에는 체납 가구에 대해 전기를 끊지 못하도록 하는 법안을 마련해 한발 물러섰다.

2017년 10월에 호주 정부가 풍력, 태양광에너지 강화 전략을 사실상 포기한 것도 이와 관련이 있다. 호주는 2005년 풍력과 태양열발전설비 건설을 지원하고 정부보조금을 주는 제도를 도입해 재생에너지를 육성해왔다. 석탄발전소는 점차 폐쇄됐고, 2017년 들어간 보조금만 30억 호주달러(우리 돈 2조 6000억 원)에 달했다. 이를 통해 호주의 신재생에너지 비중은 2006년 9.3퍼센트에서 2015년 13.7퍼센트로 상승했다.

그랬던 호주가 2017년 들어 갑자기 입장을 바꿨다. 10월 17일 기자회견을 연 맬컴 턴불Malcolm Turnbull 호주 총리는 "가정과 기업에 전력을 안정적으로 공급해야 한다. 전력난에 대비해 발전기업들이 석탄과 가스, 수력, 배터리 방식으로 생산된 예비 전력을 유지하도록 하겠다. 정책적으로 신재생에너지 기업을 지원하고 다른 기업은 처벌한 것이 국민의 불편을 낳았다. 이젠 정부가 나서서 에너지시장의 승자를 고르지 않겠다"고 말했다. 같은 해 6월 호주의 최고과학자 앨런 핀켈Alan Finkel이 2030년까지 재생에너지 목표를 42퍼센트로 늘리는 내용의 〈청정 에너지 목표Clean Energy Target〉 보고서를 제안했지만 호주 정부는 받아들이지 않았다. 그리고 2020년부터는 재생에너지기업에게 주던 정부보조금도 폐지하기로 했다. 석탄과 가스를 사용하는 에너지정책으로 되돌아간 셈이다.

호주의 이런 정책 선회는 신재생에너지 위주로 바꿨더니 전력 공급이 불안정해지고 전기료가 급등했기 때문이었다. 호주의 주택 전기요금은 지난 10년간 63퍼센트 올랐다는 정부위원회 보고가 나올 정도였다.

게다가 정부의 신재생에너지 장려정책으로 혜택을 입는 사람들이 편중됐다는 윤리적 문제도 고려해야 한다. 우리나라 지방자치단체들은 태양광발전시설을 설치하는 가정에 보조금을 지급한다. 서울의 경우 설치비용의 25퍼센트만 본인이 부담하고 나머지를 서울시가 지원한다. 하지만 세입자의 경우 임대계약이 끝나면 떠나야 할 집에 자기 돈을 들여 설치할 필요가 없다. 즉, 세입자에게는 유명무실한 제도라고 볼 수 있는 것이다.

한마디로 신재생에너지를 활성화하는 방향이 옳다는 이유로 마냥 밀어붙일 일이 아니라는 이야기다. 숨어 있는 비용까지 감내할 수 있다는 국가 전체의 내부적 합의를 이끌어내기 위한 사전 협의가 중요하다.

> **친환경에너지는 정말 친환경적인가**

신재생에너지에 앞서 추진되고 있는 가솔린을 대체한 바이오에탄올(알코올)도 같은 맥락에서 볼 수 있다. 식물에서 추출한 에탄올을 활용함으로써 가솔린에 비해 탄소 발생량이 현격히 적고 식물은 석유처럼 고갈되는 자원이 아니라는 점이 장점이다. 반면 주로 옥수수로 만들어지기 때문에 에탄올 생산이 급증하면 원료인 옥수수 가격도 올라가 식량 수급에 문제를 일으킬 수 있다.

2007년 1월 멕시코시티에서 12만 명이 모여 옥수수값 상승에 항의하는 시위를 벌인 것이 이와 상관이 있다. 멕시코에는 1994년 북미자유무역협정NAFTA 발효 이후 미국산 옥수수가 싼값으로 유입됐는데 갑자기 막혀버렸다. 미국이 바이오에탄올 생산을 늘리기 위해 옥수수 수출을 중단한 것이 주요 원인 중 하나였다.

옥수수 가격이 급등하면 다른 곡물 가격도 덩달아 오르는 현상이 나타난다. 옥수수는 정부가 대량 수매해주니, 농민들이 돈이 되는 옥수수만 재배하고 다른 곡물은 재배를 포기하기 때문이다. 이로 인해 미국산 밀, 보리, 귀리 등 농산물 가격이 30퍼센트 이상 올라 소비자만 골탕을 먹었다. 이런 점을 고려해 미국은 2015년부터 바이오에탄올의 원료로 옥수수 사용을 금지하고 대신 볏짚이나 폐목재 등을 사용하도록 권하고 있다.

이것만이 아니다. 바이오에탄올을 많이 생산할수록 삼림이 더 많이 파괴되는 현상이 나타났다. 바이오에탄올 생산에 적극적인 브라질이 대표적인 사례다. 미국과 브라질은 세계 최대 바이오에탄올 생산국이다. 브라질은 사탕수수를 원료로 쓰고, 미국은 옥수수를 원료로 사용하는 것만 다르다. 2009년 당시 브라질의 사탕수수 재배면적은 710만 헥타르ha였으나 2017년에는 1390만 헥타르 수준으로 늘어났다. 이 수치는 그만큼의 아마존 밀림이 사라졌다는 것을 뜻한다. 바이오디젤을 생산하는 원료인 콩을 재배하는 면적이 늘어나면서 그만큼의 아마존 삼림이 또 줄어들었다. 바이오연료가 발전 시 탄소를 덜 배출하는 장점이 있지만, 그 연료를 생산하는 과정에서 산림이 줄어들고 농약이 더 많이 사용되는 부작용이 발생했다. 바이오연료가 더 친환경적이라고 말하기 어렵다는 평가가 나오는 이유다. 이 때문에 브라질 정부는 필요한 연료를 생산하면서 삼림 파괴도 막기 위해 사탕수수나 콩 재배를 줄이고 대신 연안의 유전 개발에 더욱 공을 들이고 있다.

앞에서 언급한 사례들은 친환경에너지가 현재 상황에서는 최상의 연료는 아니라는 것을 보여준다. 이 역시 동전의 양면처럼 좋은 점과 나쁜 점을 동시에 갖고 있다. 태양광 패널과 풍력발전시설이 아무리 좋더라도 그것을 설치하기 위해 산림을 깎아내고, 주민 거주환경을 악화시켜도 되는지는 생각해볼 일이다. 바이오에탄올을 생산하기 위해 '지구의 허파'라고 불리는 아마존 밀림을 갉아먹는 것이 지구 전체의 환경에 어떤 영향을 줄지도 고려해야 한다.

친환경연료가 비용 면에서는 비효율적인데도 이를 추구하는 것은 멀리 봤을 때 효용가치가 더 크다는 판단 때문이다. 우리의 후세를 위해서는 지금부터 친환경에너지 사용을 확대해 나가야 한다. 그 과정에서 벌어지는 비효율과 비용은 감수해야 할 점이다. 이런 점을 감안하지 않고 그저 친환경에너지가 환경에 더 좋다는 점만 생각하면 앞서 본 것과 같은 당장의 부작용에 현명하게 대처하기 어려워진다. 효율적인 것이 꼭 옳은 것이 아닐 수도 있듯이, 옳은 것이 효율적이지 않은 경우도 많다.

無MSG는 건강에 이로운가

'화학조미료'의 대명사로 널리 알려진 MSG(L-글루탐산나트륨)를 2018년 1월 1일부터는 정부 고시에 따라 화학조미료가 아니라 '향미증진제'로 불러야 한다. 향미증진제란 음식의 풍미를 돋우기 위한 조미료 역할을 하는 식품첨가물이라는 뜻이다. 알려진 것과 달리 라면 스프에는 MSG가 들어 있지 않지만 시중에서 판매하는 간장, 된장, 고추장 등에는 들어가 있다. 라면에는 MSG가 아닌 다른 조미료들이 들어 있다.

우리나라 식품의약품안전처는 〈식품첨가물의 기준 및 규격 전부개정고시〉를 통해 식품첨가물 표기에서 '화학합성품'과 '천연첨가물'의 구분을 없앴다. 식품첨가물 표기에서 천연과 합성을 구분하는 나라는 우리나라가 유일하다. 다른 나라에서는 식품첨가물을 용도로만 분류하고 있다. 우리 정부의 입장 변화는 MSG가 화학합성품이 아니라는 것을 인정했기 때문이다. 실제로 MSG는 화학적 합성에 의한 물질이 아니라 사탕수수 추출물을 원료로 만들어진다.

감칠맛을 처음 발견한 사람은 1907년 다시마맛을 연구하던 일본 화학자 이케다 기쿠나에池田菊苗였다. 각종 육수를 만들 때 다시마를 이용하는 것에 착안해 다시마만의 독특한 맛을 추출하려 한 것이다. 처음에 그는 다시마에서 성분을 직접 추출하는 방법을 썼다. 사탕수수의 당분이나 당밀에서 성분을 추출해낸 것은 나중 일이다. 감칠맛을 추출하는 방식은 요구르트를 만드는 방식과 흡사하다. 사탕수수나 사탕무에서 당분을 추출하고 당밀액을 발효시킨 다음 정제, 농축하는 과정을 거친다. 화학이 전혀 개입하지 않는 것은 아니지만 석유에서 에탄올 등의 부산물을 추출하는 것과는 다른 방식이다.

MSG가 우리에게 나쁜 이미지를 심어준 것은 1960년대 말 미국에서 MSG를 섭취한 사람 중 일부가 얼굴이 빨개지고, 메스꺼움을 느끼는 등의 신체 반응을 보인다는 연구 보고가 나오면서였다. 중국 음식점에서 식사를 한 사람들이 이런 현상을 많이 겪는다고 해서 중국 식당 증후군CRS으로 불리기도 했다. 이 때문에 당시 미국 FDA나 UN의 FAO는 이유식 등에 MSG를 넣지 못하도록 했다. 또 고혈압이나 알레르기 환자에게도 섭취를 제한하도록 권고했다. 하지만 이후 연구를 통해 MSG는 무해하다는 결과가 나왔고 우리나라도 2010년 3월 MSG는 안전하다고 발표하기에 이르렀다.

그래도 MSG에 대한 불신은 여전하다. 화학조미료가 몸에 좋지 않다는 인식하에 MSG를 같은 범주에 넣어 생각한다. 화학합성물이 아니라는 정부 발표 역시 믿지 않는다. 물론 천연재료로 만들었다 해도 과하면 좋을 것이 없다. 설탕이나 소금도 마찬가지다. 이 조미료들은 많이 먹으면 오히려 화학합성물보다 신체에 더 나쁜 결과를 가져온다.

소비자의 불안 심리를 부추긴 부류에는 일부 부도덕한 상인들도 있다. 탕과 찜 등의 우리 음식에서는 감칠맛이 중요한데 원재료를 충분히 사용하지 않은 상태에서 MSG로 부족한 맛을 쉽게 보충하려고 했기 때문이다. 고기를 삶아 우려낸 육수로 맛을 내는 냉면 국물에 육수의 깊은 맛이 충분치 않을 때 MSG를 넣어 눈속임하려고 든 음식점이 적발된 예도 있다.

기업들이 MSG에 대한 대중의 불안 심리를 이용하는 것도 따져볼 일이다. 식품가공업체들은 MSG 대신 안전성이 입증되지 않은 화학조미료를 넣고 '무無MSG' 제품이라고 마케팅하기 시작했다. 기업 입장에서는 어찌 됐건 MSG를 넣지 않은 것은 확실한 만큼 거짓말을 하는 것은 아니다. 소비자만 '봉'이 될 뿐.

우리가 알고 있는 것이 실제와 다른 미신이거나 가짜뉴스로 밝혀진 뒤에도 사람들은 여전히 자신의 느낌이나 감感에 의지해 생각하고 행동하는 경우가 많다. 특히 입맛과 같은 감각은 자신이 느낀 대로 받아들이는 경우가 많다. 막연한 불안함이나 찝찝함 또한 마찬가지다. 객관적 근거를 둔 사실을 믿을 것인가, 자신의 느낌을 믿을 것인가.

Part 2 인문 사고 1

합리적으로 의심하기

합리적으로 의심 하기

 인문 사고 1

관습은 법으로 규제할 수 없는 도덕적 영역의 규범이다.
'늘 그래왔고, 앞으로도 그럴 것이라고 믿는' 동시대에
통용되는 사고와 태도를 말한다. 다만 관습은 진리와 달리
유효기간이 있어서 세태의 변화에 따라 달라진다.
그러므로 오늘날 우리가 '옳다'고 생각하는 일이나 생각이
언제까지 '계속' 옳은 일일 수는 없다.
어떠한 상황에서 문제 제기를 했을 때, '원래 그랬다'는 답변이
나온다면 '왜 그런가'라는 의문을 제기할 필요가 있다는 말이다.
이렇게 하면 생각은 발전하고 태도도 바뀐다.
천동설을 의심한 학자들에 의해 지동설이 제기된 과정이 그랬다.
기존 천동설을 과학적 증거로 논박하면서 등장한 지동설이라는
새로운 학설이 정설이 되기까지 많은 학자의 의문이 바탕이 되었다.
여기서 핵심은 의심이 효력을 발휘하기 위해서는
그 의심이 합리적이어야 한다는 점이다.
합리적 의심 reasonable doubt 이 과학적 추론과 논리의
밑바탕이 되는 이유다. 1660년에 건립된 유서 깊은 영국 왕립학회의
모토가 '어떤 말이건 의심하라 Nullius in Verba'인 이유도
여기에 있다. 그들은 아무리 권위 있는 사람의 주장이라도
올바른 실험을 통해 증명되지 않는 한 그대로 믿어서는 안 된다는
실험 정신을 원칙으로 삼는다. 그 결과 만유인력의 법칙,
핼리혜성의 존재 등 오늘날 참이라고 증명된
많은 과학 원리가 탄생할 수 있었다.
증명되지 않은 가설이 통용되는 사회는 불온하고,

#합리적 의심 #전통적 가치 의심하기 #시스템에 종속되지 않는 법 #권위주의와 일관성

헛것에 매달리는 만큼 공허하다.
왜냐하면 구성원들이 보고 싶은 것만 보고,
믿고 싶은 것만 믿기 때문이다.
선각자가 위대한 것은 합리적 의심으로 막연한 가정법을
깨부수고 세상을 변화시켰기 때문이다.
그들이 당시 사회의 일반적인 통념에서 벗어날 수 있었던 것은,
아주 작은 의문을 놓치지 않고 파고들었던 덕분이다.
그리고 그들은 의문에 대한 답이 내려지면 과감하게 행동했다.
기존에 옳다고 믿었던 것이라도 스스로 던진 질문에 부정적인 답이
나오면 직전의 믿음을 버렸다. 그로 인해 주변에서 손가락질을
받더라도 흔들리지 않았다. 이것이야말로 진정한 용기라고 할 수
있을 것이다. 세상은 의심의 불씨를 키우고 행동하는 용기를 가진
사람들을 '지식인' 혹은 '지성인'이라고 불렀다. 그들에 의해
고정관념은 깨지고, 진실의 이면은 들춰졌다.
특히 우리는 여러 시스템(사회나 조직)에 속해 있으며
시스템에 통용되는 인식이나 프레임을 통해 세상을 본다.
때문에 시스템 자체에 대해 의심을 할 수 있는가는
나만의 신념을 가지는 데 굉장히 중요한 지점이다.
이 장에서는 '지적 재산은 보호되어야 한다'
'참을성 많은 아이가 성공한다'와 같은 널리 알려진
통념의 이면을 살펴본다. 그리고 시스템이 생겨나는 과정과
그를 어떻게 받아들여야 하는지에 대해
여러 가지 연구와 사례를 바탕으로 살펴보기로 한다.

영업 비밀은
보호되어야 하는가

오늘날 저작권이나 특허권과 같은 지식재산권을 보호하는 것은 상식으로 통한다. 허락 없이 함부로 남의 작품을 베껴 출판하거나, 남이 발명한 내용을 베껴서 상품을 만들어낸다면 시장질서가 어지럽혀지고 산업은 쇠퇴할 것이다. 따라서 많은 나라에서 이런 상황이 생기는 것을 막기 위한 법을 제정했다. 우리나라의 경우 '부정경쟁방지 및 영업비밀보호에 관한 법률'을 두고 있다. 여기서 '영업 비밀'이란 기업이 독자적으로 개발해 비밀로 유지하는 독립된 경제적 가치를 가진 생산 방법, 판매 방법, 그 밖에 영업활동에 유용한 기술상 또는 경영상의 정보를 말한다.

어떤 영역에서 특허를 통해 영업망을 독자적으로 구축하면 그만큼 안정적으로 수익을 낼 수 있다. 하지만 그로 인해 그 시장에는 경쟁자가 나타나기 힘들어져서 판매자 우위의 시장이 된다. 이는 특정 기업이나 기업군이 시장을 장악하는 독과점과 다름없다. 판매자가 책정하는 가격과 판매 방식을 소비자가 수용할 수밖에 없기 때문이다. 이런 일을 막으려고 자본주의 사회는 특허는 보호하되, 독과점을 막고 경쟁을 권장하는 것을 미덕으로 여긴다. 미국 정부가 전화회사 벨을 강제로 쪼개 '베이비 벨Baby Bell'[#7]로 분할한 것이나, 우리나라에서 공정거래법을 마련한 것도 같은 맥락이다.

영업 비밀의 보호 vs 직업 선택의 자유

경쟁을 독려하는 것이 훨씬 큰 효율을 발생시키는 분야가 IT업종이다. 얼핏 보면 IT야말로 지식재산권을 보호해야 하는 분야라고 생각할 수 있다. 애플과 삼성전자가 스마트폰 기술을 놓고 벌이는 특허소송전을 보아도 알 수 있다. 독보적 기술을 마구잡이로 베껴 쓰는 것을 막지 못하면 원천기술 개발자의 의욕을 꺾음으로써 해당 산업의 발전 가능성을 죽여버리는 것이 사실이다. 어렵게 개발한 기술을 경쟁업체가 몰래 베껴서 써버리면 원개발업체의 손해는 이만저만이 아닐 것이다. 이런 일을 방지하기 위해 생긴 원칙이 경업금지競業禁止, prohibition of competitive transaction 원칙이다.

경업금지는 고급관리직이나 기술직, 회사의 영업 비밀을 알고 있는 직원이 경쟁업체에 취업하거나 동일 업종의 회사를 창업하는 것을 금지하는 것이다. 기업 이익을 보호하기 위해 마련된 법적 제재라고 할 수 있다. 실제로 많은 기업이 경업금지원칙을 고용계약서에 명시하여 요구하고 있다.

경업금지는 이전 직장의 기밀을 가지고 타사로 이직하는 경우만을 제한하는 것이 아니다. 업무상 접하는 회사 내 정보가 기밀이 아니더라도 사원의 전직으로 인해 유출될 가능성이 생긴다면 이 역시 금지 대상에 해당한다. 윤건일 기자가 쓴 《도난당한 열정》에 따르면 우리나라에서 1999~2009년간 기술 유출과 관련해 검찰에 신고 또는 적발된 4931명 중 절반 이상인 2728명이 무혐의 처분을 받았다고 한다. 이는 많은 기업이 직원이 이직하면 기술 유출 여부를 따지지 않고 일단 신고부터 하는 경향이 있다고 해석할 수 있다. 기업이 사실 여부와 관계없이 직원을 '산업스파이' 혐의로 옭아매 이직을 막으려드는 것이다. 여기서 직업 선택의 자유와 자유 경쟁이라는 자본주의의 가치가 충돌한다.

독점과 경쟁, 영업 비밀의 보호와 직업 선택의 자유 등의 가치들은 양면성이 있어서 어느 하나만 옳다고 할 수 없다. 예를 들어 독점이라고 해서 다 나쁜 것은 아니다. 주력 산업을 빠르게 성장시키기 위해서는 필요악과 같은 부분이 있다. 우리나라가 국내 자동차산업을 정착시키려고 관세와 같은 무역 장벽으로 외국 자동차 수입을 막고 국내 기업에 거의 독점적 지위를 부여하는 전략을 편 것이 대표적이다. 또 경쟁은 늘 좋은 것처럼 여겨지지만 지나치면 출혈 경쟁으로 시장 자체가 몰락할 수도 있다. 지식재산권 및 영업 비밀 보호와 이직의 자유도 마찬가지다.

그렇다면 '혁신'이라는 관점으로 이 가치들을 재배열해보면 어떨까. 기업이나 국가가 발전하기 위해 필요한 혁신은 위의 가치 중 어느 것과 가장 잘 어울릴까. 실리콘밸리를 보면 알 수 있다.

> ### 실리콘밸리가 매사추세츠를 뛰어넘은 비밀

캘리포니아주 팰로앨토 일대의 실리콘밸리는 컴퓨터, 인터넷 등을 기반으로 한 IT산업의 대명사로, 1970년대 이후 IT 벤처기업의 산실 역할을 해왔다. 그 배경에는 인근에 명문학교로 손꼽히는 스탠퍼드대학교와 캘리포니아대학교 버클리캠퍼스(UC버클리)가 있어 기술력과 인력을 꾸준히 제공했기 때문이라는 것이 정설이다.

흥미로운 점은 실리콘밸리가 떠오르기 앞서 IT산업으로 더 유명했던 지역은 미국 동부의 매사추세츠주였다는 것이다. 보스턴 외곽을 지나는 128번 고속도로 주변에 컴퓨터 제조업체들이 포진해 있어서 이 기업군을 '루트128'로 불렀다. 보스턴에도 매사추세츠공과대학교MIT나 하버드대학교와 같은 유명 대학들이 있어서 실리콘밸리와 조건도 같았다. 이곳에는 데크DEC, 데이터제너럴, 프라임, 왕Wang 컴퓨터와 같은 한때 잘나가던 기업들이 자리 잡고 있었다. 그러다 일본 IT기업의 공세가 거세지면서 상황이 바뀌었다. 값싸고 작은 워크스테이션과 개인용 컴퓨터가 등장하면서 루트128은 몰락하기 시작했다. 기업들은 사원을 해고해 규모를 축소했고, 실업자가 대거 발생했다. 이후 IT기업의 주도권은 실리콘밸리로 넘어갔다. 여기에는 여러 이유가 있었지만 그중 하나로 꼽을 수 있는 것이 경업금지원칙이다.

매사추세츠주는 경업금지원칙을 철저히 지키는 곳이었다. 매사추세츠주에 있는 컴퓨터기업에서 해고된 인재들은 주 내의 다른 기업에 쉽사리 취직할 수 없었다. 인재들이 자유롭게 이직할 수 없게 되자 기술 정보 교류가 제한됐다. 당연히 엔지니어들 간의 네트워크도 형성되기 어려웠다.

반면 캘리포니아주는 전혀 달랐다. 일단 경업금지원칙을 무시했다. 컴퓨터 엔지니어가 해고되면 주 내 경쟁 업체로 이직하는 것이 자연스러웠다. 앨런 하이드Alan Hyde 러트거스대학교 법학과 교수는 《실리콘 밸리에서 근무하기Working in the Silicon Vally》에서 1970년대 실리콘밸리 내 IT기업의 이직률이 35퍼센트가 넘었다고 지적했다. 직원들의 평균 근속 기간은 2년에 불과했다. 이들 대부분은 해고된 것이 아니라 일하면서 습득한 기술로 창업한 경우였다. 이를 문제 삼는 기업도 없었고, 설사 기업이 이를 걸고 이직자에게 소송을 제기하더라도 법원이 받아들이지 않았다.

캘리포니아 법원은 일부 예외를 제외하고는 직업 선택의 자유와 경쟁을 장려하는 쪽으로 판결을 내린다. 취업할 때 '경업금지서약'이 들어 있는 계약서에 서명했다 하더라도 법원은 이 계약을 무효라고 판결한다. 다른 주에서 '경업금지서약'을 맺고 일을 하다가 캘리포니아주에 있는 경쟁업체로 이직하는 경우도 마찬가지로 무효 판결을 내린다. 예외는 가게를 판 후에 근처에다 같은 업종의 가게를 열지 못하도록 하는 경우다. 가게를 산 사람에게 일종의 영업권을 보장해주기 위해서다. 또 동업자 중 한 명이 동업을 그만두고 같은 업종의 새로운 업체를 차려 경쟁하는 경우도 허용되지 않는다.

이렇게 경업금지원칙이 느슨한 캘리포니아주에서는 이직자들이 여러 직장을 옮겨 다니며 기술 이전의 '씨앗' 역할을 했다. 씨앗들이 골고루 퍼져 자라면서 또 다른 이직자들의 지식, 기술과 접목해 더 큰 나무로 성장할 수 있었다. 이른바 '거인의 어깨'를 발판 삼아 새로운 기술이 나타나는 혁신이 이뤄진 것이다.

서로 다르게 접근한 두 주의 경우를 상징적으로 보여주는 사례가 인터넷 검색도구다. 월드와이드웹www의 기본 구조를 설계한 사람은 팀 버너스 리Timothy John Berners Lee MIT 박사다. 반면 WWW가 실제로 작동되도록 하는 문자와 그래픽 통합시스템을 개발한 사람은 실리콘밸리의 마크 앤드리슨Marc Andreessen이다. 앤드리슨이 개발한 것이 익스플로러 이전에 웹브라우저 시장의 90퍼센트를 차지하던 넷스케이프 내비게이터Netscape Navigator다. 앤드리슨은 일리노이대학교 재학 시절 쉽게 사용할 수 있는 그래픽브라우저인 모자이크mosaic를 만들어 웹과 인터넷을 대중에게 널리 알리기도 했다. 모자이크는 무료로 공개돼 엄청난 인기를 누렸으나, 이를 사업화하려고 하자 대학 측이 소스코드에 대한 저작권을 주장하고 나서서 포기해야 했다. 이에 그는 실리콘밸리로 건너와 전혀 다른 코드로 새로운 콘셉트의 내비게이터를 만들었다. 앤드리슨이 없었다면 WWW는 매우 가치 있지만 창고에 고이 모셔져 있을 뿐인 유물이 됐을지도 모른다. 수직적 정보 교류와 가치 있는 일만 추구하는 매사추세츠주, 그리고 상용화와 실용적 접근을 중시여기는 실리콘밸리의 분위기가 얼마나 다른지 이 사례를 통해 알 수 있다.

대한무역투자진흥공사KOTRA의 통계에 따르면 실리콘밸리에 투

실리콘밸리와 루트128의 고성장 IT기업 수 비교

매출액 1억 달러 이상의 하이테크놀로지 기업 수 비교

자된 벤처투자액은 2015년 기준으로 279억 달러에 달했다. 이는 미국 전체 벤처투자액의 47퍼센트에 해당하는 수치다. 덕분에 일자리는 2010~2015년간 38만 5800개가 창출됐다. 이어 IT 관련 일자리 숫자로 텍사스주가 2위에 오른 것도 경업금지원칙을 포기했기 때문에 가능한 일이었다. 실리콘밸리에는 지금도 델컴퓨터 본사를 비롯해 4000개가 넘는 IT기업들이 자리 잡고 있다.

> **왜 그들은 지식재산권을 포기하는가**

이후 미국에서 저작물사용허가 표시CCL, creative commons license운동이 벌어진 것도 이런 동향과 상당한 연관이 있다. 이 운동은 지식과 기술을 독점하는 것이 아니라 공유함으로써 혁신을 일으키자는 발상에서 시작됐다. CCL은 미국의 크리에이티브커먼즈라는 비영리기구가 주도하는 오픈라이선스캠페인으로, 저작권자가 허락한 조건하에서는 자유롭게 저작물을 이용할 수 있다는 표시다. 운동의 취지는 창작물을 공유함으로써 가치 있는 창작물이 더 많이 만들어질 수 있도록 하자는 것이다. '나누면 커진다'는 콘셉트인 셈이다.

CCL운동은 로런스 레시그Lawrence Lessig 하버드대학교 교수와 프로그래머 겸 저술가 에릭 엘드리드Eric Eldred 등 3명이 주축이 돼 시작됐다. 그중 엘드리드가 낸 소송이 결정적인 계기가 되었다.

엘드리드는 자신이 운영하는 엘드리치 출판사Eldritch Press의 홈페이지를 통해 저작권보호 기간이 만료된 문학작품을 올리고 있었다. 하지만 이것이 1997년 제정된 전자절도금지법에도 저촉되어 처벌받을 위기에 놓였다. 전자절도금지법은 온라인에 저작권자 허락 없이 저작물을 올리면 이로 인해 이익을 얻지 않았다 하더라도 저작물을 올린 사람을 처벌하는 내용이다. 엘드리드는 미키마우스를 활용해 새로운 캐릭터를 만들어내려고 했으나 물거품이 된 상황 또한 마음에 들지 않았다. 왜냐하면 1998년 미국에서 저작권이 창작자 사망 후 50년까지 보호되는 법안을 70년으로 연장하는 법안을 통과시켰기 때문이다. 2004년이면 저작권보호 기간이 끝날 미키마우스 저작권은 2023년까지 늘어났다.

　엘드리드는 이 사건을 통해 '저작권보호 기간을 늘리는 것이 누구에게 도움이 될까'를 생각하기 시작했다. 그는 지식재산권제도가 저작권자의 창작 의지를 보호하기보다 오히려 새로운 창작자의 출현을 막는다는 결론에 이르렀다. 저작권자가 죽은 후 70년간 저작권을 보호한다는 것은 저작권자 본인보다 저작권을 보유한 회사나 제3자를 위한 것이 아니냐는 것이다.

　이런 상황을 타개하기 위해 엘드리드는 소송을 제기하는 것 이외에 다른 방법을 찾아 나섰다. 엘드리드는 자신의 소송을 대리하던 로런스 레시그 교수와 함께 대중이 타인의 저작물을 자유롭게 이용할 방법을 찾기 시작했다. 그렇게 탄생한 것이 CCL운동이다. 엘드리드는 이 운동에 콘텐츠 저작권자가 참여하도록 권유했고, 그들은 요구조건이 충족된다면 일반인에게 저작물을 무상 공개하겠다고 약속했다. 이어 2002년 12월 16일 표준화된 CCL을 발표했다.

CCL 이용 허락 조건과 표시법

크리에이티브커먼즈 저작자 표시CCL; Creative Commons License
: 자신의 창작물에 대하여 일정한 조건하에 다른 사람의 자유로운 이용을 허락한다는 내용의 오픈 라이선스.

저작자 표시BY; Attribution
: 저작자의 이름, 출처 등 저작자를 반드시 표시해야 한다는, 라이선스에 포함된 필수 조건. 저작물을 복사하거나 다른 곳에 게시할 때도 반드시 저작자와 출처 표시.

비영리NC; Noncommercial
: 저작물을 영리 목적으로 이용할 수 없다는 의미. 영리 목적의 이용을 위해서는 별도의 계약이 필요.

변경 금지ND; No Derivative Works
: 저작물을 변경하거나 저작물을 이용한 2차 저작물 제작을 금지한다는 의미.

동일 조건 변경 허락SA; Share Alike
: 2차 저작물 제작을 허용하되, 2차 저작물에 원저작물과 동일한 라이선스를 적용해야 한다는 의미.

퍼블릭 도메인PDM; Public Domain Mark
: 잘 알려진 저작권자의 저작권보호 기간이 만료됐거나 공공의 저작물로 저작권이 소멸되어 조건 없이 사용할 수 있음을 의미.

저작권 포기CC0; CC zero waiver
: 저작권자 스스로가 저작권을 포기한다는 표시. 퍼블릭 도메인으로서 조건 없이 사용할 수 있으며, PDM과 다른 점은 저작권을 가진 사람이 직접 포기를 인정한다는 것.

예를 들어 '저작자를 표시하면 자유롭게 써도 된다'는 뜻을 담은 기호는 'CC-BY'다. 지금은 우리나라를 비롯한 80여 개국의 개인과 민간단체가 이 운동에 참여하고 있다.

> **나누면
시장은 커진다**

이런 움직임은 최근 토요타와 테슬라의 기술 공개로 이어지고 있다. 일본 토요타는 2016년 하이브리드 자동차의 파워트레인 기술을 공개해 경쟁 업체도 사용할 수 있도록 했다. 이는 다른 업체들이 시장에 뛰어들도록 함으로써 하이브리드 시장을 확대하겠다는 계산에서 나온 것이다. 친환경자동차가 자동차시장의 대세가 되면 기술 공급 업체이자 선도 업체인 토요타의 이익도 늘어날 것이라는 생각이다.

앞서 2014년에는 미국의 테슬라가 모든 특허기술을 공개하겠다고 발표한 바 있고, 구글도 2017년에 모바일 운영체제OS인 안드로이드의 소스코드를 공개했다. 구글은 많은 사람이 모여 기술을 개발하면 훨씬 더 좋은 기술이 만들어질 수 있을 거라고 판단했다. 일본 소니 역시 2017년에 인공지능AI 심층학습deep learning 관련 소프트웨어인 '뉴럴네트워크라이브러리NNabla'의 소스코드를 공개했다. 이 기술은 얼굴 및 음성 인식 등의 심층학습에 사용되는 기능을 간단히 실현할 수 있는 것이다. 소니의 기술 공개는 AI 관련 기술이 세계적으로 급진전하고 있기 때문에 독자적으로 추진해서는 빠른 추세를 따라잡기 어렵다고 판단했기 때문이다. 차라리 자사 기술을 공개해 '협업'을 꾀하자는 전략이다. 오늘날에는 오픈소스를 통한 기술 개발이 당연시되고 있다. 정보통신산업진흥원NIPA에 따르면, 국내 기업 90퍼센트 이상이 오픈소스를 활용하고 있다고 한다.

기업들이 사회 환원 차원에서 기술정보를 공개하는 것은 분명히 아니다. 자신의 기술을 바탕으로 세계 표준을 만들어 시장을 선점하려는 계산이 깔려 있다. 아무리 뛰어난 기술이라도 시장에서 표준이 되지 못하면 몰락하고 마는 것을 여러 선례에서 배웠기 때문이다. 지금은 사라진 비디오테이프 재생방식인 VHS 방식과 베타 방식 중 VHS 방식이 기술적으로 뒤지는데도 시장을 장악한 것이 대표적이다.

현재의 흐름은 지식재산권은 무조건 보호해야 한다는 전통적 관념이 무조건 옳지는 않음을 보여준다. 그리고 이런 식의 사고 태도는 사회 전반으로 확장될 가능성이 높다. 독자 개발한 기술과 표준만을 고집해서는 세계시장을 장악하기 어렵다. 오히려 정보 교류와 정보 네트워크가 부족해 경쟁에 뒤처질 수 있다.

그간의 역사를 돌이켜보면 보호주의와 장벽으로 둘러싸인 내부에서는 혁신이 잘 일어나지 않는다는 것을 알 수 있다. 오히려 변방에 머물며 엉뚱한 생각으로 비상식적이라는 평가를 받는 사람들이 일으킨 경우가 더 많았다. 실리콘밸리의 발전 역시 으레 그러하다는 통념과 전혀 다른 방식으로 생각한 결과였다.

#7 1984년 미국은 독점적 지위에 있던 통신사 AT&T를 분할해 7개 지역별 베이비 벨을 만들었다. 그전에는 AT&T와 22개 지역의 벨 전화회사를 합해 '벨 시스템'이 구축돼 있었다. 그로 인해 장거리전화시장과 케이블TV시장에 지역 전화회사가 진입할 수 없었기 때문에 이를 막기 위한 조치였다.

인내심은 달콤한 성공을 부르는가

이번에는 교육 문제로 넘어가보자. 최근의 교육이론 중에 레전드급으로 거론되는 마시멜로 실험의 허虛와 실實에 관한 이야기이다. 1966년 미국에서 벌어진 마시멜로 실험은 부모들에게 엄청난 충격을 안겨줬다. 실험 결과는 지금까지도 정설定說로 여겨지고 있다.

실험은 4세 아이들을 대상으로 실시됐다. 아이들은 책상 하나만 있는 방에 한 명씩 차례로 들어와 마시멜로[#8]를 하나 받았다. 마시멜로를 나눠준 사람은 방을 나가면서 15분 뒤에 돌아왔을 때도 먹지 않고 있으면 상으로 1개를 더 주겠다고 약속했다. 대신 그 전에 처음 받은 하나를 먹으면 종을 울리라고 말했다. 달콤하고 부드러운 마시멜로를 눈앞에 둔 아이들은 갈등했다. 결국 몇몇은 15분을 기다리지 못하고 먹어치워 벨을 울렸고, 몇몇은 끝까지 기다려 상을 받았다. 기다리지 않은 아이들은 평균 8분여(512.8초)를 참다가 마시멜로를 먹은 것으로 나타났다. 15분을 기다려 마시멜로 2개를 먹은 아이는 전체의 30퍼센트였다.

이것으로 끝이었다면 이 실험은 별로 눈길을 끌지 못했을 것이다. 실험은 15년 후 그 아이들이 어떤 삶을 살고 있는지 추적 조사하는 것으로 이어졌다. 특히 미국의 대학입학자격시험인 SAT~Scholastic Aptitude Test~의 점수 차이가 극명하게 갈린다는 사실이 드러나 충격을 주었다. 실험에서 15분을 기다렸다가 상으로 1개를 더 받은 아이들의 SAT 점수가 기다리지 않고 마시멜로를 먹은 아이들에 비해 210점이나 높았던 것이다. 그리고 기다리지 않았던 아이들은 학교생활에서 여러 난관에 봉착했다는 사실도 확인됐다. 정학 처분을 받거나 다른 학생에게 위해를 가하다 징계를 받은 학생도 있었다.

> **마시멜로 이야기 신드롬**

1966년 월터 미셸~Walter Mischel~ 스탠퍼드대 심리학 박사는 4세의 아이 653명을 대상으로 그 유명한 '마시멜로 연구'를 시행했다. 여기서 마시멜로는 '유혹'을 상징하는 물건이다. 15년 뒤인 1981년에 추적조사에 관한 연구 결과가 발표됐을 때 세상은 경악했다. 실험은 유혹을 견뎌내야 인생에서 성공한다는 메시지를 효과적으로 보여줬다. 기다릴 수 있는 힘, 인내력, 자기통제력, 절제력, 만족지연력~delay of gratification~을 가진 사람과 아닌 사람의 차이가 삶에 얼마나 큰 영향을 미치는지를 알려줬다.

마시멜로 실험의 메시지는 성경의 '참는 자에게 복이 있나니' 만큼이나 강력한 파급력을 보였다. '참을성 있는 아이가 인생에서

✱ 마시멜로를 앞에 두고 갈등하는 아이의 모습.

성공하더라'라는 메시지는 중독성이 강해 학부모 사이에서는 '참을성 없는 자녀에게 어떻게 인내력을 길러줄까'가 최대의 관심사가 됐다. 부모는 자녀에게 인내력이 인생의 미덕美德이라고 가르쳤고, 행복을 위해 현재를 희생하는 것을 당연시했다.

    이어 미셸 박사는 1989년에 이와 유사한 실험을 다시 진행했다. 이 실험은 앞선 실험과 과정이 같았지만 마시멜로 그릇에 뚜껑을 덮은 것만 달랐다. 그랬더니 놀라운 변화가 생겼다. 뚜껑을 덮어놨다는 것만으로, 다시 말해 마시멜로를 보지 않는 것만으로도 아이들의 인내력은 크게 높아졌다. 1960년대 실험에서 평균 8분여 만에 마시멜로를 먹었던 '참을성 없는 아이들'의 기다리는 시간은 평균 11분으로 1.5배 가까이 늘어났다. 물론 1960년대 아이와 1980년대 아이의 성향이나 인내력이 똑같다는 전제하에서였다.

    앞서 1960년대 실험에서도 기다렸다가 상을 받은 아이 중에 흥미로운 행동을 보인 아이들이 있었다. 그 아이들은 손으로 눈을 가리거나 머리카락으로 눈을 덮어서 마시멜로를 보지 않으려고 했다. 또 관심을 돌리려고 책상을 툭툭 차고 천장을 쳐다보는 행동을 했다. 노래를 부르거나 혼잣말을 하는 아이도 있었다. 마시멜로를 보지 않는 것이 더 쉽게 참을 수 있는 방법임을 스스로 생각해낸 것이다. '견물생심見物生心'(보면 가지고 싶은 욕심이 생긴다)이란 격언 그대로 아닌가.

> **개인의 자질인가 환경적 영향인가**

그런데 마시멜로 실험 이후 이어진 다른 후속 연구에서 먼저 실험 조건이 잘못돼 올바른 결론이 나오지 않았다는 반론이 제기됐다.

당시 실험 대상이 됐던 아이들은 전부 연구자인 미셸 박사가 재직 중이던 스탠퍼드대 내의 빙유치원Bing Nursery School에 다니던 학생이었다. 그들 부모는 교수이거나 대학원생이었다. 기본적으로 아이들이 지능이 높을 가능성이 있고 가정환경이 동질적인 집단이었다. 외부 변수에 의해 실험에 오류가 발생할 가능성은 줄어들지만, 반대로 실험 대상이 여러 집단의 대표성을 갖기 어려워진다. 이를 막기 위해서는 비교집단 연구가 포함돼야 하는데 그렇지가 못했다. 가정 형편이 어려워 늘 굶주린 아이나, 가난한 데다 형제가 많아 음식을 놓고 자주 다투어본 아이 등을 비교집단으로 두고 실험했어야 했다는 이야기다. 이를 흔히 샘플링의 오류라고 부른다.

게다가 원래 실험은 15년 뒤의 추적조사를 상정하여 설계된 것이 아니었다. 미셸 박사는 나중에 딸에게서 실험에 참가했던 아이들의 이야기를 듣다가 일정한 패턴이 있음을 발견했다. 마시멜로를 즉시 먹어버린 아이들이 학교 안팎에서 문제를 일으킨다고 이야기한 것이다. 하지만 첫 실험에 참가했던 학생 653명 중 15년 후까지 추적이 된 경우는 185명에 불과했다. 그중 SAT 성적을 보여준 학생은 94명에 지나지 않았다. 전체 실험자의 3분의 1도 안 되는 수를 추적조사하여 내린 판단을 신뢰할 수 있을까.

이뿐 아니라 조건을 다르게 설정할 경우 전혀 다른 결론이 나온다는 후속 연구자들의 주장이 이어졌다. 대표적인 것이 2012년 심리학 잡지 〈코그니션Cognition〉에 실린 설레스트 키드Celeste Kidd 로체스터대학교 교수의 마시멜로 실험이다. 이 연구는 앞서 미셸 박사의 연구 결과와 달리 인내력이 선천적인 자질이나 능력이 아니라 여러 조건에 따라 달라질 수 있음을 보여줬다. 아이는 성향이나 성격 외에도 조건이나 환경에 따라 다른 행동을 보였다.

키드 팀의 연구는 3~5세의 아이 28명을 대상으로 이뤄졌다. 연구자는 컵에 그림을 그리는 미술활동을 할 것이라고 말한 뒤 아이들을 책상 앞에 앉혔다. 책상 위에는 크레용이 놓여 있고, 연구자는 조금 기다리면 크레용 말고 다른 재료도 주겠다고 말했다. 몇 분 후 연구자는 실험 대상의 절반인 14명에게만 새 미술 도구를 주었다. 나머지 14명에게는 재료가 있는 줄 알았는데 알고 보니 없더라고 사과하면서 재료를 주지 않았다. 키드 팀은 앞서 미술 도구를 받은 14명을 신뢰환경reliable environment으로, 미술 도구를 받지 못한 14명을 비신뢰환경unreliable environment으로 분류했다.

이어 키드 팀은 실험에 참가한 아이들에게 미셸 박사가 했던 마시멜로 실험을 시행했다. 어떤 일이 벌어졌을까. 신뢰환경에 속한 아이들은 평균 12분을 기다리다 마시멜로를 먹었다. 그 부류에 속한 14명의 아이들 중 9명은 15분이 지나도 마시멜로를 먹지 않았다. 반면 비신뢰환경에 속한 아이들은 평균 3분을 기다렸다. 15분까지 기다린 아이는 단 한 명뿐이었다.

어른의 말이 믿을 만하다는 경험을 한 아이들과, 믿을 수 없다는 경험을 한 아이들 사이에 이런 차이가 생긴 것이다. 한 번 배신을 경험한 아이들이 두 번 속지 않으려 하는 것은 너무나 자연스런 행동이다. 언제 또 말이 바뀔지 모른다는 것을 경험으로 알고 있는 만큼 비슷한 상황에 닥쳤을 때 약속을 믿지 않는 것이다. 이런 상황에서 마시멜로를 바로 먹어버린 아이들을 참을성 없는 아이라고 단정 지을 수 있을까.

연구의 결론은, 자기통제력은 주위 상황을 어떻게 판단하느냐에 따라 달라진다는 것이다. 여기에서는 주변 조건 역시 변수가 된다. 여러 상황적 조건과 개인적 체질, 성향이 맞물려 행동이 결정된다는 이야기다.

미셸의 마시멜로 실험에서도 연구자가 방을 나가며 아이들에게 '기다리는 동안 재미난 일을 생각하라' '기다린 다음 마시멜로를 하나 더 받을 생각을 하라'는 등의 지시를 한 경우 아이들의 인내력, 즉 기다리는 시간이 길어졌다고 한다. 이는 아이들의 인내력 혹은 절제력은 그것을 지킬 수 있는 조건과 환경을 조성한 어른과 사회의 영향을 받는다는 것을 시사한다.

또 다른 연구도 있다. 2013년 앞선 연구의 키드 교수를 비롯한 홀리 팔메리Holly Palmeri, 리처드 애슬린Richard N. Aslin 교수 팀은 잡지 〈코그니션〉에 〈합리적인 스낵 먹기Rational Snacking〉라는 논문을 통해 미셸 박사의 결론을 뒤집었다. 마시멜로를 빨리 먹는가, 늦게 먹는가는 개인적인 인내심이나 자제력과 상관이 없으며, '15분을 기다리면 마시멜로를 하나 더 주겠다'는 연구원의 약속을 아이가 믿을 수 있는 환경에서 자랐는가에 달려 있다는 것이었다.

예를 들어 생활이 불안정한 가정에서 태어나 언제 식사를 할지 모르는 상황에서 자란 아이들이나, 형제자매가 많아 식사 때마다 음식을 놓고 다투며 살아온 아이들이라면 눈앞의 음식을 놓고 기다리는 것은 바보짓이라고 여길 만하다. 이런 환경에서 자란 아이들에게는 15분 뒤의 약속은 아무런 의미가 없다. 나중에 먹을 수 있을지 없을지 모르는 일상을 살아왔기에 먹을 수 있을 때 먹어둬야 한다고 생각한다. 이를 토대로 연구팀은 "불안정한 환경에서 자란 아이들은 먹는 게 남는 것이라고 생각하며, 안정적인 환경에서 자란 아이들은 약속이 지켜질 것이라고 믿고 기다리는 경향이 있다"고 분석했다.

> **믿고 싶은 것을 의심하는 힘**

미셸 박사의 마시멜로 실험이 무의미한 것은 아니다. 그러나 그 실험 결과를 신봉할 이유도 없다는 것이 후속 연구의 대체적인 결론이다. 상관관계가 있다고 해서 그것이 곧 인과관계라고 단정 지을 수 없다는 이야기다.

심리학은 타인의 생각이나 마음을 읽는 마술이 아니다. 정확한 통계와 세밀한 분석을 통해 심리 상태를 유추하는 것이 목적인 과학이자 학문이다. 이런 관점에서 보면 미셸 박사가 행한 연구는 여러 가지로 불합리하고 불충분했다고 할 수 있다. 그래도 마시멜로 실험을 계기로 새로운 과학자들이 나타나 후속 연구가 이뤄졌고, 그로 인해 여러 관점의 결론을 도출할 수 있었다. 합리적 의심을 바탕으로 연구를 거듭하는 과학자들 덕에 마시멜로 이야기의 허실이 드러난 셈이다.

다만 아쉬운 점은 미셸 박사의 연구는 언론과 강의 등을 통해 널리 알려졌지만, 후속 연구는 덜 알려졌다는 데 있다. 후속 연구가 틀렸거나 홍보가 덜 돼서가 아니다. 미셸 박사가 전달한 메시지가 그보다 훨씬 더 단순하고 강력했기 때문이다. 대중을 사로잡는 것은 이처럼 단순하고 강력한 메시지다. 현대에 탄생한 수많은 미신과 잘못 알려진 사실 역시 이와 같은 경로를 거쳤다.

#8 젤라틴과 달걀흰자, 설탕, 향료, 식용색소를 섞어 만든 과자. 마시멜로라는 아욱과 식물 뿌리에서 추출한 당분을 이용해 만들어서 같은 이름이 붙었다. 현재의 형태로 상품화된 것은 19세기 유럽에서라고 한다.

시스템은 어떻게 만들어지는가

마시멜로 이야기에서 알 수 있듯이 사람은 복잡하고, 여러 변수에 의해 다른 행동을 보일 수 있다. 또한 개인의 자질과 능력의 한계로 인해 혼자 모든 일을 도맡아 할 수도 없다. 앞서 실리콘밸리의 이야기를 통해 독점의 결과가 어떠했는가를 보면 알 수 있다.

그래서 사람들은 개인의 부족함을 메꾸기 위해 노력하는 과정에서 조직을 만들고, 그를 운영하기 위한 시스템을 개발했다. 여기서 사람보다 조직 혹은 시스템이 일하게 하라는 말이 생겨났다. 사람을 중심으로 일을 진척시킬 경우 핵심 주무자가 자리를 옮기면 일이 갑자기 중단되는 상황이 생기기 때문이다. 이는 사람의 변덕스런 의사결정에 따르기보다 사람이 없어도 일이 진행되도록 조건과 환경이 먼저 조성돼야 한다는 뜻이기도 하다.

그런데 몇몇 연구 결과가 시스템이란 억지로 갖춘다고 작동하는 게 아니라는 것을 보여준다. 구성원 간에 협력관계가 형성될 필요성이 생기면 의도하지 않아도 시스템이 출현한다는 것이다.

> **쥐의 사회로 본 조직의 위계질서**

이를 보여주는 실험이 1994년 프랑스에서 있었다. 디디에 드조르Didier Desor 낭시 대학교 동물인지행동학 교수는 물에 익숙하지 않은 쥐들이 언제, 왜 수영하게 되는지를 연구했다.

먼저 쥐 6마리를 우리 안에 집어넣었다. 쥐가 들어 있는 우리는 물이 차 있는 다른 수조와 연결되어 있었고, 우리와 연결된 수조의 반대편에 먹이통이 설치되어 있었다. 드조르 교수는 처음에는 물을 채우지 않고 먹이를 가져갈 수 있게끔 하다가 점점 수위를 높였다. 결국 물의 높이는 헤엄쳐야만 건너갈 수 있을 만큼 높아졌다.

과연 쥐들은 모두 먹이를 구하러 물속으로 뛰어들었을까? 아니었다. 쥐의 행동은 크게 네 부류로 나뉘었다. 먹이를 구하러 물속으로 들어간 쥐는 3마리뿐이었다. 그중 2마리는 먹이를 가져왔지만 다른 쥐에게 빼앗겼다. 다른 1마리는 구해온 먹이를 빼앗으려는 쥐들에 맞서 먹이를 지켜냈다. 남아 있던 3마리 중 2마리는 수영해서 먹이를 가져온 2마리를 위협해서 빼앗아 먹었다. 마지막 1마리는 먹이를 구해오지도 빼앗지도 못했다.

먹이를 빼앗긴 쥐 2마리와 아무 것도 하지 않은 쥐 1마리는 다른 쥐들이 먹는 걸 보고 있다가 부스러기만 조금 얻어먹었다. 독립형 쥐 1마리만이 당당히 자신의 성취를 누렸다.

쥐의 수가 늘어나도 비슷한 상황이 반복되었다. 드조르 교수는 6마리씩 20개의 우리를 만들어 각각의 상황을 체크했다. 그랬더니 놀랍게도 모든 우리에서 같은 일이 벌어졌다.

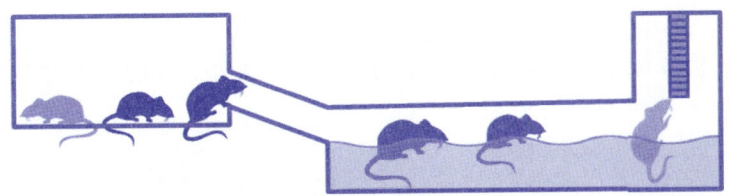

먹이를 구하기 위해서는 물이 차 있는 수조를 지나 반대편에 설치돼 있는 먹이통까지 가야 한다. 6마리 중 3마리만 먹이를 구하러 간다.

먹이를 구하러 간 3마리 중 2마리는 다른 쥐에게 먹이를 빼앗긴다.

먹이를 구하러 가지 않은 3마리 중 2마리는 다른 쥐에게서 먹이를 빼앗는다.

먹이를 구하러 간 3마리 중 1마리는 먹이를 지킨다.

먹이를 구하러 가지 않은 3마리 중 1마리는 아무것도 하지 않는다.

그렇다면 먹이를 빼앗아 먹은 쥐 2마리씩을 모아 6마리의 한 집단을 만들어 우리에 집어넣으면 어떻게 될까. 쥐들은 한동안 서로 치고받고 싸우더니, 앞선 실험에서와 같은 위계질서가 잡히는 모습을 보였다. 군림했던 쥐들이 다시 빼앗기는 쥐와 독립형 쥐, 빼앗는 쥐, 아무 일도 하지 않는 쥐로 나뉜 것이다. 각각의 유형들끼리만 6마리씩 모아 같은 실험을 했을 때도 신기하게 동일한 결과가 나왔다. 어떤 경우에도 같은 유형과 비율로 위계질서hierarchy가 형성되는 것을 확인한 것이다.

이들 쥐를 한꺼번에 대형 우리에 집어넣으면 어떻게 될까. 드조르 교수는 200마리의 쥐로 실험했는데, 이번에는 빼앗기는 쥐 가운데 몇 마리가 죽은 채 발견됐다. 실험 대상이 불과 몇 마리에 불과할 때는 힘센 쥐들이 간단한 위협이나 공격으로 먹이를 뺏을 수 있었다. 하지만 개체 수가 늘어나 빼앗기는 쥐의 저항이 거세지자 빼앗는 쥐가 좀 더 폭력적으로 대응한 결과였다.

이 실험은 결국 어떤 조건(일정한 규모의 집단과 각 구성원의 능력 차이가 존재하는)이 갖춰지면 집단이 생성되고, 그 집단 내에서 운영되는 시스템은 저절로 만들어진다는 것을 보여준다. 이 실험에서 확인된 시스템은 '힘을 통한 위계질서'였다. 인간사회로 이를 확대 적용해보면, 동물의 세계에서의 물리적인 힘은 권력이나 지위에 의한 힘으로 대체된다.

이 실험에서 부수적으로 알려진 또 다른 사실도 있었다. 그것은 어느 부류에 속한 쥐가 가장 스트레스를 많이 받는지에 관한 것이었다. 군림하는 폭군 쥐보다 음식을 빼앗긴 쥐가 스트레스를 더 많이 받았으리라 추측하겠지만 결과는 전혀 달랐다.

죽음을 당할 정도로, 음식을 빼앗긴 쥐들의 피해는 컸다. 빼앗기는 쥐는 죽기 아니면 살기의 기로에 놓여 있었다. 먹이를 빼앗기거나 혹은 죽거나의 기로에 있는 쥐가 받을 스트레스가 어느 정도일지는 상상하기 어렵지 않다.

그러나 연구원들이 쥐의 뇌를 해부해보니 의외의 결과가 나왔다. 먹이를 빼앗기는 쥐보다 빼앗는 쥐의 뇌에서 스트레스 반응이 훨씬 강했던 것이다.

연구원들은 빼앗기는 쥐에게 잃을 것은 먹이뿐이지만, 빼앗는 쥐는 그룹에서의 지위를 잃을 수 있다는 두려움 때문이라고 해석했다. 빼앗는 쥐가 지위를 잃는다는 것은 단순히 지위의 문제가 아니다. 그간 빼앗아 먹던 먹이를 앞으로는 스스로 조달해야 한다는 뜻이다. 게다가 뺏는 입장의 지위를 잃으면 그동안 학대당했던 쥐들로부터 공격을 받을지도 모른다. 이런 상황에 처하지 않으려면 빼앗는 쥐들로서는 자리를 지키려고 필사적으로 노력하지 않을 수 없다. 그게 곧 스트레스로 연결된다는 분석이다. 이 연구 결과는 그간 피해자가 가해자보다 훨씬 스트레스를 많이 받을 것이라는 일반론을 뒤집었다.

시스템에 종속되지 않으려면

다시 시스템 이야기로 돌아가보자. 드조르 교수의 쥐 실험처럼 시스템이란 일부러 만들지 않아도 필요하면 만들어진다는 사실이 개미에 대한 연구에서도 재확인됐다. 하세가와 에이스케長谷川英祐 일본 홋카이도대학교 교수가 《일하지 않는 개미》라는 책에서 주장한 내용이다.

그는 한국과 일본에 널리 분포하는 코토쿠뿔개미의 생태를 연구했다. 그의 연구 결과에 따르면 일개미는 열심히 일한다는 우리의 상식은 틀렸다. 일개미의 70퍼센트는 평소에 일하지 않고 논다! 게다가 나머지 30퍼센트 중 10퍼센트포인트는 죽을 때까지 일하지 않고 먹기만 한다. 약 80퍼센트의 개미는 놀고먹고, 20퍼센트의 개미만 죽어라 일한다는 결론이다. 얼핏 이탈리아 경제학자 파레토Vilfredo Pareto가 주장한 파레토 법칙, 즉 '80대 20'의 법칙이 떠오른다. 집단 구성원의 20퍼센트가 전체 생산의 80퍼센트를 담당한다는 이 법칙을 파레토는 각종 현상에 적용할 수 있다고 주장했다. 하세가와 교수의 결론도 유사하다.

죽어라 일하는 20퍼센트의 집단은 말 그대로 열심히 일하다 한계에 도달하면 죽었다. 그때 등장하는 것이 그간 빈둥대던 나머지 80퍼센트에 해당하는 개미들이다. 20퍼센트의 일개미가 비운 자리를 나머지 80퍼센트의 일부가 채워 다시 80대 20의 구도를 형성한다. 게으름을 피우는 개미들은 빈자리가 날 때까지 쉬면서 대기(?)하고 있었다는 이야기가 된다. 그들의 존재는 조직의 입장에서 필요악이라는 말이다. 빈둥대던 개미들은 당장은 생산성을 떨어뜨리는 주범으로 보이지만 언젠가는 생산성을 끌어올려줄 예비군이다(혹은 잘 쉬어야 더 열심히 일할 수 있다는 의미로도 받아들일 수 있다).

앞의 두 사례를 통해 시스템(위계질서를 기반으로 한 시스템)이 자연발생적으로 형성된다는 것을 이해했을 것이다. 그리고 시스템에 의한 역할은 상황에 따라 변화될 수 있다. 착취형 쥐들만 몰아넣은 우리에 다시 역할이 나뉘었던 것이나, 빈둥대던 개미가 일하는 개미로 변하는 것처럼 말이다.

시스템이 인간의 필요에 의해 만들어진 것이 아닌 사람이 모이고 사회가 형성되면서 필연적으로 만들어진 것이라면, 그 안에서 개개인의 역할은 어떻게 결정되는 것일까. 개인의 자질에 따라 결정되는 것일까, 아니면 개인의 생각으로 바뀔 수 있는 것일까. 그리고 개인은 시스템을 어떤 과정을 거쳐 받아들이며, 시스템은 개인의 사고를 얼마나 좌지우지할 수 있을까.

이에 대한 의문을 품고 역사상 가장 끔찍한 실험으로 평가되는 연구를 한 학자가 있었다. 그는 시스템이라는 제도적 체계가 전적으로 믿을 만한지, 시스템이나 매뉴얼에 절대 복종해야 하는 상황이 벌어지면 사람들은 어떻게 반응하는지를 알고 싶어 했다.

소신 없는 복종도 죄가 된다

수렵과 채집으로 연명하던 과거로부터 지금에 이르기까지 인류는 경제체제, 정치제도 등의 각종 사회체제(시스템)를 발전시켜왔다. 시스템은 사회가 진화할수록 복잡하고 정밀해졌으며, 인류의 삶에 큰 영향을 미치게 되었다. 시스템의 발생이 자연적이든 필요에 의해서든 상관없이 이제는 시스템을 벗어나서 생활하기가 힘들어졌다. 사람의 속성을 사회체제와 연결시켜 규정하기도 했다. 자본주의적 인간형, 사회주의적 인간형이라는 것이 그런 데서 나온 표현들이다.

　이처럼 시스템과 사회의 구성원 간의 관계가 복잡해지자, 사람들은 시스템에 종속되면 어떤 일이 벌어질지에 대해 의문을 가지기 시작했다. 이를 실험을 통해 증명하려 한 사람이 바로 필립 짐바르도Philip Zimbardo 스탠퍼드대 심리학과 교수다. 인간이 만든 시스템이 얼마나 인간에게 위협적일 수 있는지, 인간이 시스템에 종속되면 얼마나 타인에게 위협적인 존재가 될 수 있는지를 말이다. 그리고 실험 결과가 세간에 알려지면서 큰 충격을 안겨줬다. 그 반향이 얼마나 컸는지 훗날 영화로 만들어지기도 했다. 이 실험은 '스탠퍼드 감옥 실험SPE' 또는 '루시퍼 이펙트Lucifer Effect'[#9]라고 불린다.

> **썩은 사과 상자가
> 사과를 썩게 한다**

짐바르도 교수의 실험은 1971년 8월 심리학과 건물(조던 홀) 지하에서 이뤄졌다. 이곳에 가짜 감옥을 차려놓고 70명의 지원자 중 선발된 24명의 대학생에게 죄수와 교도관 역을 맡겼다. 선발된 사람들은 심리적으로 안정되고, 육체적·정신적 장애가 없으며, 범죄나 약물 남용 이력이 없는 남자들이었다. 또 그들은 미국이나 캐나다의 중산층 가정 출신이었다.

실험 목적은 감옥이라는 낯선 환경에서 수감자와 교도관이라는 각자의 역할을 수행할 때 어떤 심리 변화를 겪는지 알아보는 것이었다. 역할 수행 과정에서 방향 감각 상실disorientation, 자아감 상실depersonalisation, 몰개성화deindividualization 같은 일들이 벌어지는지 확인하고자 했다.

짐바르도 교수는 실험에 앞서 교도관 역할을 하는 참가자들을 대상으로 오리엔테이션을 했다. 주 내용은 교도관들은 사생활도, 개성도 사라진 수감자들에게 무력함을 야기하는 역할을 맡는다는 것이었다. 지루함이나 공포감도 유발할 수 있다는 말도 했다. 수감자의 운명이 전적으로 시스템에 의해 조종된다는 것을 느끼게 하기 위해서라면 교도관의 독단적인 행동도 용인된다고 했다.

이들은 2주간 '감옥'에서 생활하는 대가로 일당 15달러를 받았다. 실험은 교도관 9명, 죄수 9명으로 나누어 시작했다. 나머지 6명은 실험에 참가하지 않고 일단 대기했다. 교도관은 3명씩 3조로 나뉘어 하루 8시간씩 3교대했다. 죄수들은 3개의 감방에 3명씩 수용됐다. 실험 참가자들 중 교도관 역을 맡은 사람은 카키색 교도관 옷과 나무 곤봉을 받았다. 죄수와 눈을 마주치지 않도록 선글라스도 꼈다. 죄수에게는 고유번호가 새겨진 헐렁한 죄수복을 입히고 머리에는 스타킹을 씌웠다. 수감자들이 체포된 이유는 무장강도 혐의로 설정됐다. 팰로앨토 경찰서의 협조를 받아 수감자들의 지문 채취와 머그$_{mug}$ 사진[#10] 찍기, 미란다 원칙[#11] 설명하기 등을 했다.

실험이 시작되자 놀라운 일이 벌어졌다. 교도관들은 실험이라는 것을 알면서도 적극적으로 진짜 교도관처럼 행동했다. 수감자들을 학대하고 굴욕감을 갖게끔 대했다. 수감자들은 이 상황을 괴로워하다 이틀째에 반란을 일으켰다. 그러자 교도관들은 연구원의 허가를 받지 않고 즉각 소화기로 수감자들을 공격해 반란을 진압했다. 실험을 시작한 지 36시간쯤 후에는 '8612' 번호를 부여받은 수감자가 괴성을 지르고 화를 내는 등 발작과 같은 행동을 보이기도 했다. 결국 그는 실험에서 제외됐다.

교도관들은 점호 시간에 수감자들끼리도 죄수번호를 부르도록 강요했다. 죄수번호를 틀린 수감자에게는 기합을 주기도 했다. 또 교도관들은 수감자들이 화장실을 가지 못하게 하거나 매트리스를 빼앗아 콘크리트 바닥에서 재우기도 했다. 일부 수감자들은 벌

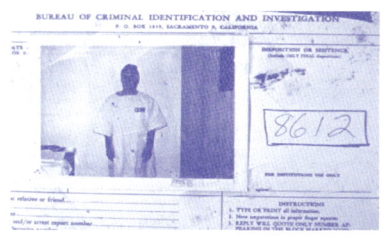

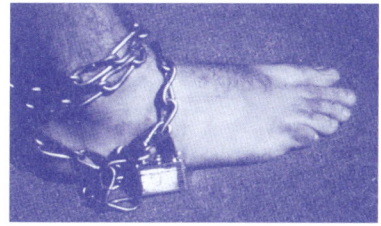

출처 : www.prisonexp.org

✱ (시계 방향으로) 이상증세를 보여 일찍 풀려난 수감자 8612의 머그샷과 선글라스를 쓰고 나무 곤봉을 든 교도관의 모습. 수감자 역할을 한 사람은 발에 족쇄를 달았다. 수감자들은 탈출 계획을 세우기도 했으며, 기합을 받기도 했다.

거벗은 채로 다니도록 강요받기도 했으며 동성애를 흉내 내는 등의 성적 모욕을 받기도 했다. 단식 투쟁을 한다면서 소시지 먹기를 거부하는 수감자를 독방에 감금하기도 했다. 수감자들 역시 진짜 죄수들처럼 신경쇠약 증세를 보이거나 탈옥을 모의했다.

이 과정에서 동료 교도관, 동료 수감자들의 행동은 어땠을까. 과도한 행위를 하는 교도관을 동료들은 말리지 않았고, 수감자가 교도관들에게 부당한 대우를 받아도 다른 수감자들은 항의하지 않았다. 이를 짐바르도 교수는 '행동하지 않는 악'이라고 불렀다. 방관하는 것 역시 죄악이라는 것이다. 내가 저지르지 않았다고, 나는 그저 보고만 있었다고 말하는 것 역시 방조라는 이름의 죄라고 했다.

이 '황당한' 실험은 수감자 역할을 맡은 실험 대상자가 신경쇠약에 시달리다 퇴소하는 일이 계속 이어지자 결국 중단됐다. 2주간 진행될 예정이었으나 6일 만에 끝났다. 지금이었다면 시도조차 하지 못했을 이 실험은 그 당시에도 윤리적, 도덕적 논란을 불러일으켰다. 아무리 실험이라지만 실험 대상자들을 이렇게 비인간적으로 대우해서는 안 되는 일이었다. 그러나 이 실험을 통해 드러난 충격적인 결과가 이후 많은 연구에 영감을 주었음은 아무도 부인하지 못할 것이다.

짐바르도 교수 역시 실험 이후 심적 고통에 시달렸다고 고백했다. 그는 실험 당시 출판사와 출판 계약을 맺고 서문을 쓰기 시작했으나 집필을 마치지 못했다. 책이 출간된 것은 그로부터 35년 만인 2006년이었다. 이 책이 바로 《루시퍼 이펙트》다. 그는 다시 책을 쓰는 2년간 단 한순간도 즐겁지 않았다고 털어놓았다. 오랫동안 집필을 미뤄왔던 것도 실험 과정을 다시 떠올릴 마음의 준비가 되지 않았기 때문이라고 했다. 결국 책을 출간하기로 마음먹은 것은 아부그라이브교도소Abu Ghraib prison 사건[#12]과 같은 각종 학대 사건이 결정적인 계기가 됐다. 그는 인간의 사악함이 어떻게 발현되는가에 대해 이 실험 내용이 도움을 줄 수 있을 거라고 생각했다.

그의 결론은 일의 효율을 위해 자연스럽게 혹은 의도적으로 만들어진 시스템이 작동하면 내부 조직원은 시스템에 복종하려는 경향이 생긴다는 것이다. 사과 더미에 들어 있는 썩은 사과 하나가 나머지 사과를 썩게 만드는 것이 아니라, 썩은 사과 상자(시스템, 체제)가 그 안에 담긴 사과 전체를 썩게 만든다는 설명이다. 그는 "가장 중요한 것은 상황이 시스템으로부터 창조된다는 것"이라고 했다. 특정 시스템에 종속된 사람들이 권력을 휘둘러 특정 상황을 만들고, 그로 인해 다시 사람들이 피해를 입는 악순환이 이루어진다는 것이다.

> **나는 명령에
> 따랐을 뿐이다**

한나 아렌트가 말한 '악의 평범성The banality of evil'도 같은 의미를 담고 있다. 유대인을 처형한 독일인은 잔혹한 사이코패스가 아니라 이웃으로 볼 법한 평범한 인물들이었다. 그들은 그저 나치가 만든 시스템에 따라 움직였을 뿐이다. 바꾸어 말하면 평범한 사람도 상황에 따라, 혹은 시스템의 요구에 따라 얼마든지 잔혹해질 수 있다는 이야기다. 짐바르도 교수의 책 《루시퍼 이펙트》의 한국어판

서문에도 같은 이야기가 나온다.

"악을 저지르는 행위자의 성격, 기질적 경향을 밝혀내려는 것은 무의미하다. 그런 노력은 삶이라는 무대 위에 있는 배우 개개인에게만 초점을 맞추고 무대장치나 주위 다른 배우들의 영향은 무시해버리는 것과 같다."

윤흥길의 소설 《완장》에도 사람의 태도가 권력을 쥐기 전후로 어떻게 달라지는지 잘 묘사되어 있다. 1981~1982년의 전북 김제 백산저수지를 배경으로 한 이 소설은, 땅 투기로 돈을 번 최 사장이 저수지에 양어장을 만들고 임종술에게 감시를 맡기면서 시작된다. 감시원 완장을 두른 임종술은 마을 사람들 위에 군림하려 하고 이 과정에서 독재자로 둔갑한다. 심지어 자기를 감시원으로 만들어준 최 사장에게도 행패를 부리다 해고됐는데, 그 뒤로도 저수지 감독을 그만두지 않는다. 인간의 권력지향성과 권력의 유무에 따른 태도 변화를 '완장'이란 상징물로 압축해 보여주는 작가의식이 돋보이는 작품이다. 소설이 시사하는 바 역시 시스템에 종속되면 그들의 본성마저 변질될 수 있다는 것이다.

물론 이런 식의 환원주의 논법에 빠지면 모든 것을 '시스템 탓'으로 돌리는 일이 벌어진다. 잘된 것도 시스템 탓, 못된 것도 시스템 탓을 하면 문제가 발생하더라도 책임을 피할 수 있다. '그저 시키는 대로 했을 뿐'이라는 식의 변명으로 책임을 모면하려드는 것이다. 이 논리 아래 유대인을 학살한 나치, 중국 난징 대학살을 벌인 일본군과 같은 잔혹 범죄의 가해자가 주범이 아닌 하수인으로 변신한다. 그들이 전범재판소에서 '나는 그저 상부의 명령에 따랐을 뿐'이라고 천연덕스럽게 말하는 것은 이런 논리 탓이다.

악당도 영웅도 모두 평범한 사람일 뿐

그렇다면 우리는 어떻게 해야 시스템과 상황의 압력을 뚫고 악에 대항해 인간의 존엄성을 유지할 수 있을까. 짐바르도는 악의 평범성에 맞선 개념으로 '영웅적 행위의 평범성'을 주장했다. 잘못된 상황과 시스템에 복종하거나 순응하지 않고 저항하는 사람들을 '평범한 영웅'이라 칭했다. 대표적인 인물로 흑인 인권운동의 선구자로 꼽히는 로자 파크스 Rosa Parks #13를 꼽았다. 2차 세계대전 때 유대인을 구출한 독일인들 역시 그에 해당한다. 이들이라고 해서 특별히 문제 상황이나 불의에 맞닥뜨렸을 때 저항하도록 하는 유전자를 갖고 태어나지는 않았을 것이다. 이는 곧 시스템이나 상황이 사람을 변화시키는 것처럼, 사람 역시 자신의 생각이나 의지에 따라 상황을 바꿀 수 있다는 결론으로 이어진다.

그렇다면 시스템에 굴복해 악이 되는 사람과 시스템의 사고방식에서 벗어나 영웅이 되는 사람은 무엇이 다를까. 짐바르도 교수는 사람의 마음속에는 선과 악이 공존한다고 말했다. 그는 러시아의 소설가 솔제니친 Aleksandr Solzhenitsyn이 말한 "선과 악의 경계는 사람의 마음 한복판에 있다"는 표현을 인용했다. 개인이나 집단이 문제를 일으키지 않거나 악한 행위를 예방하려면 내부에 존재하는 악을 항상 경계하고 악을 이겨내기 위해 끊임없이 노력해야 한다는 것이다. 시스템, 혹은 시스템 속에 녹아들어 있는 사고방식을 무조건적으로 수용하는 것을 경계하고 자신의 행동과 생각을 돌아보고 의심하고 경계해야 하는 이유다.

시스템은 효율적인 도구가 될 수 있지만, '인간다움'이 빠진 시스템은 사람을 옭아매는 재갈과 같은 역할을 한다. 효율이라는 이름으로 유연함이 사라지고, 꽉 짜인 틀 속에 사고의 자유는 재단裁斷된다. 사고는 경직되고 원칙론에 입각한 교조주의가 만연해진다. 효율을 추구하려던 시스템은 변질돼 오히려 비효율의 원흉이 돼버린다. 그럼에도 시스템을 만고불변의 진리라고 생각하면 시스템을 위한 시스템에 함몰되거나, 시스템을 만들어놓고도 발전시킬 생각을 하지 않고 지키는 것에만 치중해 주객이 전도되는 현상이 발생한다. 이러한 경우를 우리는 흔히 '관료주의'라고 부른다. 현실과 동떨어진 정책입안자들이 책상에 앉아 머릿속으로 떠올린 정책을 내놓으면 그렇게 되는 경우가 많다. 다음에는 관료주의로 인해 제 역할을 하지 못하는 시스템의 폐해에 대해 이야기해보기로 하자.

#9 라틴어 루키페르(Lúcifer)는 우리말로 '빛을 내는 자' '샛별'이라는 뜻이다. 기독교 성경에는 지옥의 최고자리에 사탄이 있다고 쓰였는데 이를 루시퍼로 받아들인다. 루시퍼는 존 밀턴(John Milton)의 《실낙원》에도 나온다. 원래 아홉 천사 중 가장 높은 직위에 있는, 신에 가장 가까운 존재였다고 한다. 신의 자리를 뺏으려고 반란을 일으킨 죄로 다른 타락천사들과 함께 지옥으로 쫓겨났다고 그려진다. 여기서 루시퍼 이펙트라는 말은 '악마 효과' 정도로 번역될 수 있다.

#10 '머그샷'이란 용어는 일종의 속어다. 18세기 영어권에서 사람의 얼굴을 뜻하던 은어 머그(Mug)에서 유래했다. 우리나라에서도 피의자를 구치소에 수감하기 전 수용기록부 사진을 찍는다. 범죄 용의자의 사진을 촬영하는 것은 사진술이 발명된 1840년대부터 시작되었다. 프랑스 경찰 알퐁스 베르티용(Alphonse Bertillon)이 1880년대에 범죄 용의자의 사진과 정보를 카드에 함께 관리하면서 널리 퍼졌다.

#11 피의자가 체포될 때 수사기관이 피의자에게 어떤 권리가 있는지를 알려줘야 한다는 원칙이다. 피의자는 묵비권이 있으며, 피의자의 모든 발언은 법정에서 불리하게 작용할 수 있다는 점, 피의자는 변호인을 선임할 권리가 있다는 점, 진술 도중 원한다면 언제나 중단할 권리가 있다는 점 등이 그 내용이다.

이 원칙이 확립된 것은 멕시코계 미국인 어네스토 미란다(Ernesto Miranda) 덕분이다. 그는 1963년 3월 애리조나주 피닉스에서 납치 및 강간 혐의로 체포됐다. 피해자가 그를 범인으로 지목해, 경찰에 연행된 뒤 그는 변호사 선임 없이 조사를 받았다. 처음엔 무죄를 주장하던 미란다는 2시간가량의 심문을 받고 범행 사실을 자백하는 자술서를 썼다. 미란다는 재판이 시작돼서야 진술을 번복했다. 애리조나주 법원은 미란다의 주장을 기각하고 최저 20년, 최고 30년의 중형을 선고했다. 미란다는 주 대법원에서도 유죄 판결이 나자 연방 대법원에 상고했다.

연방 대법원은 1966년, 5대 4의 표결로 미란다에게 무죄를 선고했다. 진술거부권, 변호인선임권 등의 권리를 수사기관이 피의자에게 알리지 않았기 때문이라는 것이었다. 이후 주 정부 경찰들은

'미란다 판결'에 따라 경고문을 만들어 연행되는 피의자에게 미리 읽어주고 있다.

우리나라에서도 헌법과 형사소송법에 '체포 또는 구속의 이유'를 알려주도록 규정돼 있다. 2000년 7월 4일 미란다 원칙을 무시한 체포는 정당한 공무집행이 아니라는 대법원 판결도 있다.

#12 바그다드 인근에 있는 이라크 최대의 정치범 수용소다. 2차 걸프전에 나선 미군은 2003년부터 연합군을 상대로 싸우거나 공격할 가능성이 있다는 이유로 이라크인 8000여 명을 구금했다. 미군 헌병은 포로들을 가혹하게 심문하면서 질식사시키거나 여성 포로들을 성폭행했다. 남성 포로들을 발가벗겨 쓰러뜨리거나 모욕하는 고문도 일삼았다. 고문 장면들을 카메라로 촬영해 고향에 있는 가족과 친구들에게 이메일로 전송하기까지 했다. 이 사진들이 유포되면서 미군의 악행이 세상에 알려졌다.

#13 1955년 12월 1일 몽고메리페어백화점 점원이었던 로자 파크스가 퇴근길에 탄 버스에서 유색인 좌석 맨 앞줄에 앉았다가 백인 좌석이 모자라자 뒷자리로 이동하라는 운전사의 요구를 거부한 일로 유죄 판결을 받았다. 당시 로자는 몽고메리시의 '분리에 관한 조례' 위반 혐의로 체포됐고 재판 과정에서 흑인인권운동을 상징하는 인물로 떠올랐다. 로자는 훗날 그땐 일에 지쳐 피곤해서 거부했을 따름인데 일이 이렇게 커질 줄 몰랐다고 말했다. 로자가 사회의식이 커서 분연히 저항한 것은 아니었다는 뜻이다. 흑인인권운동에 열심이었던 남편의 영향을 받은 로자는 이후 2005년 사망 때까지 강연 등으로 시민권운동에 평생을 바쳤다.

관료주의의 비용

관료주의의 폐해를 알려주는 첫 번째 이야기는 예카테리나Catherine II 여제女帝의 꽃과 관련된 일화다. 이 일화는 경영학에서 관료주의가 어떻게 해악을 끼치는지, 그릇된 일관성이 얼마나 허망한지를 보여주는 사례로 자주 인용된다.

이 이야기는 '철혈 재상'이라는 별명으로 불렸고 독일의 통일에 기여한 인물로 추앙받는 프로이센의 비스마르크Otto von Bismarck가 1859년 러시아 대사로 부임하는 것으로 시작한다. 그는 부임 후 간혹 상트페테르부르크 겨울궁전으로 러시아 황제 알렉산드르 2세Alexander II를 예방하곤 했다. 그러던 어느 날 알렉산드르 2세로부터 재미있는 이야기를 들었다.

알렉산드르 2세는 어느 날 궁전 정원의 한가운데 군인 한 명이 경비를 서고 있는 것을 목격했다. 정원 주변에 중요한 시설이 있거나 중요 인물이 있는 것도 아니었다. 경호나 경비라고 하기에는 너무 어색한 모습이어서 눈에 띄었다. 뭔가 이상하다고 생각한 황제는 시종에게 왜 병사가 저기 서 있는지를 물었다. 그 시종도 모르겠다면서 다른 시종을 불러 연유를 물었다. 그들도 알지 못해 시종의 아버지까지 찾아가 물었다. 그의 대답 역시 "언제부터인지 모르지만 병사가 저곳에 경비를 서왔다"고 했다. 황제는 이번에는 경비대장을 불러 왜 경비병이 궁전 정원에서 보초 근무를 하는지 물었다. 그도 예전부터 그렇게 해왔기에 따를 뿐 왜 이런 관행이 생겼는지는 모른다고 답했다. 황제는 추적 끝에 오래전 궁전에서 일했던 시종으로부터, 80여 년 전 캐서린 대제(예카테리나 2세)가 집정하던 시기에 시작된 일이라는 것을 알게 되었다.

> **목적을 잃은 시스템이 낳은 관료주의**

길고 혹독한 러시아의 겨울이 지나고 꽃이 피기 시작할 즈음 예카테리나 여제가 정원을 쳐다보다 우연히 노란 수선화(혹은 갈란투스)를 발견했다. 반가운 마음에 여제는 그 꽃이 다치지 않도록 경비병을 시켜서 아무도 그 꽃을 꺾지 못하게 지키라고 지시했고, 정원에서 보초를 서는 일이 시작됐다. 다년생식물이라 하더라도 수명이 그리 길지 않은 꽃은 금세 지고 말았을 것이다. 그러나 여제의 명령은 거둬들여지지 않았으므로 보초 근무는 계속되었다. 여제도 죽고 80년이 흐르는 동안 아무도 정원 경비에 대해 묻지 않았다.

이 일화는 비스마르크의 자서전《인간 그리고 정치인으로서의 비스마르크 Bismarck, the Man and the Statesman》에 실려 있다. 관행 또는 관습이라는 이름으로 쓸데없이 낭비되는 인력과 비용이 얼마나 많은지

* 요한 밥티스트 람피(Johann Baptist von Lampi)가 그린 예카테리나 2세의 초상화.

를 되돌아보자는 경고의 의미로 현재까지 빈번하게 인용되고 있다(일부는 정원의 경비병을 처음 본 사람이 비스마르크인 것으로 잘못 전달하고 있다).

그런데 2005년 예드바르트 라진스키Edvard Radzinsky의 저서 《알렉산드르 2세-마지막 위대한 황제Alexander II: The Last Great Tsar》에는 의미가 좀 다르게 표현돼 있다. 권위적이기로 유명한 알렉산드르 2세가 이 이야기를 비스마르크에게 들려준 것은 러시아에서 황제의 명령이 갖는 힘이 얼마나 대단한지를 과시하기 위해서라는 것이다. 라진스키는 알렉산드르 2세가 상트페테르부르크에 대홍수가 나서 왕궁이 물에 잠겼을 때조차 '꽃을 지키라'는 명령을 수행하느라 경비병이 익사했다는 이야기까지 비스마르크에게 들려줬다고 썼다. 황제는 예카테리나 여제의 이야기를 무척 재미있어했고, 독일 대사에게 러시아에서 황제의 지시가 얼마나 엄중한 것인가를 보여주고 싶어 했다는 것이다.

이 일화가 보여주는 것처럼 시스템이 만들어진 의도나 이유는 잊히고 시스템만 남을 때의 비효율성과 폐해는 이루 말할 수 없다. 오늘날에는 이를 관료주의라고 부른다. 비스마르크가 자서전에 이 일화를 쓸 당시만 해도 관료주의라는 단어는 없었지만 관리되지 않은 시스템에서 얼마나 비효율이 극대화되는지를 보여준다.

시대가 변했는데도 이전 시대의 사람들이 만든 시스템을 손보지 않으면 쓸모없거나 전혀 엉뚱하게 작동하는 꼴이 된다. 기존 질서를 의심하지 않은 결과다.

영국이 140년 동안 도버해협을 지킨 이유

다른 예를 들어보자. 이야기의 시점은 1803년이다. 당시 나폴레옹은 영국과 러시아 모스크바, 발칸반도 일부를 제외한 대부분의 유럽을 점령해 강력한 패권을 휘두르고 있었다. 나폴레옹의 위세에 위협을 느낀 영국은 1802년 프랑스 아미앵지역에서 프랑스와 평화와 우호를 중심으로 한 강화조약을 체결했다. 하지만 1년 뒤인 1803년 영국은 몰타 분쟁을 계기로 아미앵조약을 깨고 프랑스에 선전포고를 했다.

영국은 프랑스가 강력한 군대를 보유하고 있음을 잊지 않았다. 영국이 프랑스가 침공할지도 모른다는 두려움에 시달린 것은 당연하다. 그래서 도버해협 절벽에 서서 프랑스 함선이 오는지를 지켜보는 파수꾼을 두기로 했다. 그의 임무는 망원경으로 바다 쪽을 주시하다가 나폴레옹 군함이 오는 게 보이면 즉시 종을 울려 알리는 것이었다.

하지만 유럽 대륙에서 이탈리아, 오스트리아, 프로이센, 러시아 등과 싸우느라 바빴던 나폴레옹은 영국 쪽은 쳐다볼 여력이 없었다. 그렇게 10년이 흐르는 동안 힘이 약해진 프랑스 군대는 각종 전투에서 패하는 일이 잦아졌고, 결국 나폴레옹은 1815년 세인트헬레나섬으로 유배됐다가 1821년 사망했다.

그럼 파수꾼제도는 어떻게 됐을까. 전해지는 이야기에 따르면 한 번도 종을 울려보지 못한 파수꾼제도는 1945년까지 존속됐다. 영국 정부는 2차 세계대전이 끝나고 일정한 보수를 받는 파수꾼이 있다는 것을 알고서야 파수꾼제도를 폐지했다.

영국의 파수꾼 일화도 관료주의가 얼마나 소모적인 행정을 펴는지 보여주는 사례 중 하나다. 로널드 레이건Ronald Reagan도 미국 대통령선거 후보 시절, 1978년 10월 콜로라도주 덴버에서 열린 내외과의사협회 세미나에서의 연설〈정부의 오만함에 저항하지 않으면 고통받을 것이다 Resist Government arrogance, or suffer〉에서 이 일화를 언급했었다.

> **시스템의 안팎에서 의심하라**

두 일화는 우리가 좋은 의미로 자주 쓰는 '일관성'이 때로 얼마나 무의미해지는지를 보여준다. 한길만을 가는 꿋꿋함이나 변덕스럽지 않고 예측 가능한 방향성이라는 뜻으로 사용되는 이 단어를, 이제 우리는 의심해야 한다. 그렇지 않으면 일관성은 늘 하던 대로 하는 구태의연함과 동의어가 될 수도 있기 때문이다. 일관성이란 어떤 가치를 수행하기 위한 방법론으로서만 의미가 있을 뿐이다. 그 가치가 잊히고 방법만 일관성 있게 수행될 때 비효율은 극대화된다.

이와 함께 '시스템이 일하게 하라'라는 격언도 되돌아볼 필요가 있다. 변덕에 휘둘려 원칙 없이 이랬다저랬다 해서도 안 되지만 고정불변의 시스템으로는 일이 효율적으로 진행되기 힘들다. 특히나 지금처럼 빠르게 변하는 사회에서는 상황에 맞춰 시스템을 꾸준히 개선할 필요가 있다.

매뉴얼(시스템) 우선을 내세우는 일본을 비롯한 선진국이 발진할 수 있었던 것은 상황과 시대에 맞게 끊임없이 매뉴얼을 수정하고 업데이트해온 덕분이다. 유연함이 없었다면 결코 이루어질 수 없는 일이었다. 이것이 선진국과 후진국을 가르는 핵심이다.

물론 기존 질서에 익숙해져 있는 사람들은 구체제에 젖어 변화하기가 쉽지 않다. 혁신은 이래서 주변부에서 일어난다고 말한다. 주류 사회에 편입되지 못하고 주변부에서 겉돌던 사람들은, 그 중심부에 있던 사람들이 보지 못하는 것을 볼 수 있기 때문이다. 그들은 기존 질서에 대해 늘 의심을 품고 있었고, 그래서 기존 세력에 늘 질문을 던졌다. 그들의 질문은 번번이 혁신으로 이어졌다. 기존 질서에 편입된 사람들과 다르게 생각한 결과였다.

나우루공화국은 왜 추락했나

남태평양 적도 부근에 나우루공화국Republic of Nauru(나우루는 '나는 해변으로 간다'는 뜻)이라는 작은 섬나라가 있다. 차로 30분이면 섬 전체를 한 바퀴 돌아볼 수 있는 인구 1만 명 정도의 작은 나라다. 이 나라에 관심이 쏠린 것은 부유하던 나라가 갑자기 급전직하하듯 추락했기 때문이다. 이 현상은 프랑스의 프리랜서 저널리스트이자 다큐멘터리 작가인 뤼크 폴리에트Luc Folliet가 현지 르포 보고서를 내면서 알려졌다(그는 이 내용을 다룬 《나우루, 황폐화된 섬Nauru, L'île dévastée》이라는 작품으로 2009년 국제저널리즘회의의 조사 및 탐구 부문 최고도서상을 받았다).

나우루공화국은 1970~1980년대에는 부국이었다. 1인당 GDP가 2만 달러를 넘었다. 나우루는 여러 나라의 신탁통치를 거쳤고 1968년 1월 31일 독립하면서 성장했다. 성장 기반은 '구아노guano'라는 비료였다. 구아노는 수만 년 동안 새의 배설물이 산호 위에 쌓이면서 형성된 천연 비료다. 영양소와 곰팡이, 세균 성분이 풍부해 19세기 유럽 농업 혁명의 주요 자원이 됐다. 나우루는 신탁통치를 받던 때 구아노가 유용하다는 것에 눈을 떠 독립 후 본격적으로 생산에 돌입했다.

모든 자원은 쓰면 쓸수록 바닥을 드러낸다. 자원을 토대로 발전해온 조직 역시 성장을 멈추고 추락한다. 뤼크 폴리에트는 나우루공화국이 어떤 과정을 거쳤는지 자세히 알려주었다. 잘나가던 때 나우루에는 고급 승용차가 넘쳐났고, 국민은 세금을 면제받았다. 공무원을 외국인으로 채워 일을 시켰고, 집안일조차 외국인에게 맡겼다. 그 비용도 전부 국가가 댔다. 몸을 움직여야 하는 일을 대부분 남에게 맡긴 결과 인구의 40퍼센트가 당뇨병을 앓았고 평균수명도 줄었다. 그러다 보니 나라는 자금난에 허덕였고 구아노를 채굴하느라 토지가 산성화되어 농사를 짓기도 어려워졌다. 그 피해는 다시 국민에게 돌아갔다. 채굴이 멈춘 뒤 실업율은 90퍼센트에 달했다. 일하는 법을 잊어버린 국민은 쓰레기통을 뒤져야 하는 상황을 맞이했다.

이런 현상은 이른바 '자원의 저주'라는 말로 요약된다. 원유를 팔아 번 돈으로 국민에게 무상복지를 실천하다 유가 급락으로 생필품을 구할 수 없자 폭동이 일어난 베네수엘라, 북해에 유전을 발굴해 생긴 수익을 국민에게 퍼줬다가 생산성 하락으로 국가 위기를 맞았던 네덜란드 등이 대표적인 경우다.

이런 위기를 맞지 않으려면 자원이 고갈될 때를 대비해 다른 대안을 마련해놔야 한다. 나우루 사람들도 미래를 준비하지 않은 것은 아니었다. 다만 방법이 잘못됐다. 관료들은 미래를 대비해 돈을 모아놓은 국가 금고를 개인 금고처럼 사용했다. 투자에 실패해도 아무도 책임을 묻지 않았고, 결국 국가는 파산에 이르렀다.

이제 나우루는 다른 방식으로 살길을 모색하고 있다. 아프리카 등에서 난민을 받지 않으려는 호주를 대신해 난민을 받아주고 지원금을 받는다. 또 자금 세탁용 은행, 불법 여권 거래 등을 통해서도 국고를 채우고 있다. 경제 지원을 대가로 대만과 수교를 맺었다가 중국이 더 많이 지원하겠다고 하자 대만과 단교한 적도 있다. 고래잡이로 국제적으로 비난을 받던 일본을 국제포경위원회IWC에서 지지해주고 에너지 지원을 받기도 했다. 게다가 일본은 유엔 소속 국가로 인정받지 못하는 나우루를 하나의 국가로 인정해주겠다고도 했다.

이런 현실을 목격한 젊은 층이 나섰다. 이들은 《비저너리 The Visionary》라는 신문을 창간하고 부패를 타파하기 위한 개혁 정당 나오에로 아모 ('나우루 제1당'이라는 뜻)를 만들었다.

나우루공화국의 새로운 시도와 노력이 어떤 결과를 가져올지 아직은 증명되지 않았다. 땅속에는 앞으로 30년간 채굴할 만큼의 비료가 더 있다는 분석도 있어 아주 절망적인 상황은 아니다. 이와 관련해 나우루의 비극이라는 프레임으로 '자원이 많아도 일하지 않으면 결국 망한다'는 자본주의 논리를 전파하려는 다분히 의도적인 분석이라는 지적도 나온다.

무엇보다 나우루공화국의 이야기는 "평안할 때 위태로울 때를 생각한다居安思危"《춘추春秋》〈좌씨전左氏傳〉)는 자세의 중요성을 일깨워주는 사례다. 역사학자 아놀드 토인비Arnold Joseph Toynbee는 "역사적인 성공의 절반은 죽을지도 모른다는 위기의식에서 비롯되었고, 역사 속 실패의 절반은 찬란했던 시절에 대한 향수에서 비롯되었다"고 말했다. 자신이 가진 것이 언제까지 유지될 수 있을지에 대한 의문에서 미래에 대한 대비가 시작된다는 말이다.

자원의 경우 더욱 그렇다. 미국 생물학자 개릿 하딘Garrett Hardin이 1968년 〈사이언스〉에 기고한 글에서 쓴 '공유지의 비극'이라는 말을 생각해보자. 이 말은 누구나 자유롭게 사용할 수 있는 공공자원은 사람들의 남용으로 고갈되기 쉽다는 의미다. 사리사욕이 극대화될 경우 공동체를 파괴할 수 있다는 경고다. 우리가 쓰는 자원은 후세가 쓸 것을 빌려 쓰는 것에 불과하다는 말이 있다. 오늘날 우리가 자원을 어떻게 써야 할지를 깨우치는 말이다. 우리가 자원을 남용하면 후세는 이 자원을 사용하지 못한다.

'돌다리도 두드려 보고 건너라'는 우리 속담은 조심성만을 강조한 것이 아니다. 무너질 것 같지 않은 돌다리조차 무너질 수 있다는 최악의 상황을 상정하듯이 '당연하다'고 여겨지는 것에도 의심이 필요하다는 의미다. 나우루공화국이 보여준 것처럼 우리가 지금 가졌다고 생각하는 것도 실은 가진 것이 아닐 수 있음을 명심하자.

Part 3 인문 사고 2

도전! 정답을

Part 3 도청적인 질문들

인문 사고 2

인간은 '질문하는 존재'다. 질문한다는 것은 생각한다는 것과 같은 말이다. 또한 생각하는 사람은 지금과 다른 세상을 만들 수 있다. 세상과 사회가 '이것이 정답'이라고 말할 때 '왜 그런가?'라고 질문할 줄 아는 사람이 많아지면 세상과 사회는 달라진다. 철학자 최진석 서강대학교 교수는 세상은 대답하는 사람과 질문하는 사람으로 나뉜다고 말했다. 대답하는 사람은 세상에 알려진 기존 지식을 배우는 사람이다. 따라서 기존 것을 답습하는 이는 당장은 창조자가 될 수 없다. 반대로 질문하는 사람은 알지 못했던 것에 대해 호기심을 갖고 알려고 하는 사람이다. 따라서 질문에 대한 답을 찾으면 그것이 창조로 이어진다.

묻지 않으면 새로운 창조도 없다.

그런 맥락에서 이 장에서는 그동안 당연한 것으로 여겨지던 논쟁 거리를 몇 가지 꼽아보려고 한다.

예를 들면 청소년은 왜 흡연해서는 안 되는가, 법치국가는 당연히 민주국가인가와 같은 소재들이다. 한마디로 '당연하지'라고 답할 성질의 질문이다. 그런데 이렇게 굳이 묻는 이유는 '당연하지 않을 수도 있다'는 답을 내놓기 위해서다.

또 흉악범죄를 강력히 처벌하면 범죄가 줄어들 것인가, 만약 그렇지 않다면 어떻게 형벌제도를 바꿔야 하는가와 같은 질문도 같은 맥락이다. 좌파와 우파는 바뀌지 않고 한결같은 입장만 고집하는지도 질문할 대상이다.

#왜냐고묻는힘 #당연한것은당연하지않다 #청소년흡연과우리의생체권력 #보수와진보 #법치주의와민주주의

이와 같은 논쟁적 주제에 대한 글을 읽고 여러분의 생각은
어딘지 나름의 근거를 갖고 논증해보기 바란다.
혹시라도 여기서 제시하는 주제에 관해 생각이 복잡해지고
마음이 불편해졌다면 필자의 시도는 성공한 것이다.
그것은 곧 독자 여러분이 다르게 생각하는 길에
한 발짝 내딛었음을 뜻하기 때문이다. 이런 주제를 제시하는 것은
내가 보기에 남의 생각이 터무니없다고 하더라도
들으려는 자세가 필요하다는 것을 보여주기 위한 시도다.
자기만 옳다는 독선과 아집으로 세상을 어지럽혀 왔던 것이
인류의 지난 역사라는 점을 상기시키려는 의도다.
그럼, 논쟁을 불러올 첫 주제인
청소년의 흡연, 자위에 관해 이야기해보자.

청소년의
흡연과 자위를 막아야 할까

 주제를 읽고 대부분의 성인은 '뭐 이런 질문이 다 있나'라고 어이없어 할 게 뻔하다. 흡연과 자위의 상관관계부터 의문이 들 수 있다. 하지만 이 질문의 관점을 청소년 건강이 아니라 국가의 신체 통제로 바꾸면 이야기가 달라진다.

 먼저 청소년 흡연 문제부터 이야기해보자. 청소년기에 담배를 피우는 것은 성장 과정에 나쁜 영향을 끼치기 때문에 금지하는 게 당연하다. 그럼 담배는 성장 과정에만 나쁠까. 어른에게는 상대적으로 덜 해로울까. 그럴 리가 없다는 것은 다들 안다. 해롭지 않다면 금연운동이니, 담배값 인상을 통한 흡연율 억제정책이니 하는 말이 나올 리 없기 때문이다. 따라서 청소년이 어른에게 이런 질문을 던지는 건 어색한 일이 아니다. "그런데 왜 우리만 담배를 못 피게 하느냐"고 말이다.

 실제로 2016년 10월 농민시위 도중 물대포를 맞은 뒤 사망한 백남기 씨 빈소에서 이 문제로 성인과 청소년 간에 충돌이 빚어졌다. 장례식장에서는 백남기 씨 사망의 진상 규명을 요구하는 농성이 벌어지고 있었다. 그때 흡연구역에서 담배를 피던 녹색당 소속의 청소년 2명을 보고, 농성 중이던 어른들이 '담배를 끄라'며 윽박지르는 소동이 일었다. 성인 운동가들이 흡연한 청소년을 꾸짖는 과정에서 청소년의 신고를 받고 경찰이 출동했다. 이들은 "경찰의 시위 과잉 진압에 항의하는 농성장에 경찰을 불러 안전을 부탁해야 했으니 이런 아이러니가 없다"고 말했다. 그 뒤에도 청소년들은 농성장에 머물렀으나 성인들로부터 신체적, 언어적 위협을 받았다고 했다.

당시 두 청소년들은 '어른 흉내'를 내지 못하게 한 데 반발한 것이 아니었다고 말했다. 그들은 좀 더 근본적인 문제를 제기했다. 어른과 국가는 진정으로 청소년의 건강을 생각해서 담배를 못 피게 하는 것이냐고 말이다. 그러면서 흡연과 관련해 "왜 청소년에 대해서만 국가가 문제 삼는가"라고 물었다. 그것도 나이라는 애매한 기준을 가지고.

> **청소년에게 주어진 권리와 의무**

청소년보호법에는 주류, 담배, 마약류, 환각물질 등이 청소년 유해약물 혹은 물건으로 규정되어 있다. 이는 청소년보호위원회가 결정하고 여성가족부가 고시한 것이다. 현재 만 19세 미만은 청소년보호법상 청소년으로 분류된다. 그러니까 만 19세부터는 청소년보호법의 적용을 받지 않아 주류와 담배를 구매할 수 있다(마약과 환각물질은 어른이 매매해도 처벌받는다). 만 19세 이전에는 술이나 담배를 살 경우 구입한 청소년은 처벌받지 않지만 판매한 사람은 처벌받는다. '성인식'이라는 걸 따로 할 정도로 청소년과 어른의 경계를 구분지어온 걸 생각하면 단 한 살 차이지만 의미가 없다고 할 수는 없다.

그런데 여러 면에서 이 나이 기준은 앞뒤가 맞지 않는다. 병역 문제만 해도 그렇다. 만 18세 이상 남성은 병역 의무를 위해 군대에 입대해야 한다. 만 18세의 경우 제1국민역에 편입돼 군 입대 자격이 갖춰지고 지원을 통한 군 입대가 가능해진다(일반 징병을 위해 신체검사를 받는 연령은 만 19세부터다). 그러니까 정부는 만 18세만 되어도 국가를 지킬 정도의 정신 능력과 체력을 갖고 있다고 판단한다는 의미다. 그런 그들이 1년 차이로 술이나 담배는 구입할 수 없다면 원칙이라는 말을 쓰기가 애매해진다. 금주와 금연의 이유가 술이나 담배를 접한 청소년이 사리 분별을 못 하고 함부로 행동할 것을 두려워해서라면, 군대 내 총기 사용도 허락해서는 안 된다. 사리 분별 못 하는 그들이 함부로 총질을 해 남에게 큰 피해를 끼칠 수도 있지 않은가.

하나 더, 투표권은 공직선거법에 만 19세 이상에게 부여된다고 규정돼 있다. 이 역시 미성숙한 청소년에게 투표권을 주는 것이 이르다는 판단에 근거해 있다. 정치적 판단이 미숙한 청소년에게 투표권을 주면 어른의 말에 따라 묻지마 투표를 할 수 있고, 한편으로는 청소년을 위한 선심 정책이 쏟아져 나와 정책 집행의 우선순

위가 뒤죽박죽될 것이라는 우려도 있다. 진보적인 정당들은 젊은 층이 비교적 진보 진영에 가담하기 쉬울 것으로 보고 이를 찬성하는 편이다. 어느 정도 정치적 계산이 깔려 있는 것이다.

청소년에게 투표권은 줄 수 없는데 그들이 병역 의무는 수행할 수 있다고 하는 논리는 좀 이상하지 않은가. 기껏 1년 차이 가지고 그러느냐고 생각할 수도 있지만 국민으로서의 권리와 의무 간의 상관관계가 맞아떨어지지 않는 점을 지적하는 것이다. 어쩐지 과거 여성참정권이나 흑인의 참정권을 제한하던 여러 나라의 모습과 겹친다. 그들 나라 역시 여성과 흑인 등에게 의무만 강요하고 권리는 제한했다. 권리 제한의 이유로 '뇌가 작아 판단력이 떨어진다'는 등의 황당한 이유를 내세우기도 했다. 중동 국가 일부에서는 여성참정권을 제한하는 이유를 '여성은 생리를 하기 때문'이라는 말도 안 되는 주장을 논리라고 제시하고 있다.

> **보호인가
자유의 구속인가**

다시 담배 이야기로 돌아가서, 청소년이 흡연을 선택할 자유를 준다면 어떤 문제가 발생할까. 조금 극단적인 예이지만 프랑스 작가 프랑수아즈 사강 Francoise Sagan의 이야기를 들어보자. 그는 "타인에게 피해를 끼치지 않는 한 나는 나를 파괴할 권리가 있다"[#14]고 주장했다. 사강은 소르본대학교를 다니다 중퇴하고 19세에 《슬픔이여 안녕》이라는 소설을 발표해 문단에 파란을 불러온 동시에 전 세계적으로 사랑을 받은 천재 작가다. 한편으로 그는 도박과 마약을 탐닉하는 스피드광이었다. 앞의 유명한 말을 하며 '자기 파괴권'을 주장한 것도, 1990년과 1995년 마약을 하다 적발돼 재판에 넘겨진 뒤 조사관을 향해서였다. 남에게 피해를 끼치지 않는 한 국가가 개인이 스스로 파괴하려는 것을 막아서는 안 된다는 항변이다. 억지에 가까운 그의 주장은 전체주의나 국가의 권위주의에 대항하는 히피 정신 혹은 노마드(유목민)주의처럼 비춰졌고, 청년들은 그의 발언에 열광했다. 물론 사강은 자신의 영향력을 조금도 생각하지 않고 한 말이었다.

지금 우리나라 청소년은 사강처럼 행동하는 것을 인정해달라고 요구하는 것이 아니다. '애 취급하지 말아 달라'는 것이 아니라, 동등한 시민으로서 대해달라고 하는 것이다. 이들의 말처럼 국가와 법에 통제되지 않겠다는 사고방식은 무정부주의적이고 상식적이지 않지만, 국가의 힘이 국민에게 어디까지 영향력을 행사할 수 있는지를 생각하게 한다. 청소년에게 담배를 허락하라고 말하고 싶은 게 아니다. 설령 청소년에게 흡연권을 제한하는 것이 진심으로 건강을 생각한 일이라고 하더라도 최소한 법의 앞뒤, 어른과의 형평성은 서로 맞춰야 하는 것 아닐까.

청소년의 성적 자위행위도 같은 맥락에서 이야기할 수 있다. 자위는 그야말로 개인적인 영역이다. 남모르게 할 경우 국가가 통제하거나 단속할 수 없다는 것은 상식이다. 과거에는 자위가 부도덕하고 정신을 병들게 하는 행위로 여겨져 극단적으로 금기시됐지만, 지금은 성장 과정의 자연스런 성적 행동으로 받아들여지고 있다. 그만큼 시대가 달라지고 인식이 달라진 덕분이다.

　　다만 그걸 남에게 보여주거나 남이 알게 하는 방식으로 행했을 때는 다른 문제가 된다. 그런 행위를 보고 싶지 않은 타인에게 억지로 보게끔 하는 것도 피해를 주는 것이기 때문이다.

　　이렇게 인식이 바뀐 것은 하루아침에 일어난 일이 아니다. 국가가 형성되고, 시민의 권리의식이 강화되는 인류의 발전사와 맥락을 같이한다. 근대 유럽에서는 청소년의 자위 행위는 곧 모든 신체질환의 근원이라는 인식이 널리 퍼졌다. 스위스 의사 티소 S. A. D. Tissot가 환자들을 치료하다 그들이 자위에 집착하는 모습을 보고 금지운동에 나선 것이 계기가 됐다. 그는 1758년 출간한《오나니즘 L'Onanisme》#15이라는 책에서 자위를 하는 환자의 증상들을 나열했다. 예를 들면, "비쩍 말라서 제대로 걷지 못했다" "하루 5번씩 자위를 하는 14세 소년은 침을 질질 흘리며 눈이 풀린 모습이었다" 등이다. 그는 그 소년에게 자위 행위로 힘이 빠져나가면 근력이 떨어져 결국 죽는다고 조언했다고 썼다. 유럽 사회에서는 이를 계기로 자위를 단속하는 일종의 대대적인 캠페인이 이루어졌다. 자위행위를 금기시하는 책마다 자위가 척수염, 눈병, 심장병 등의 원인이라고 단정했다. 부모들이 큰 충격을 받은 것은 당연한 일이었다.

　　19세기에 들어 자위금지운동은 전 유럽으로 퍼져 나갔다. 자위행위를 하는 미성년자를 찾아내 처벌하기 힘든 만큼 도덕적으로 잘못된 행동이라는 생각을 갖게끔 사회분위기를 만들었다. 그래서 가족이나 동료 등 주변 사람끼리 서로 감시하고 자위를 한 사실이

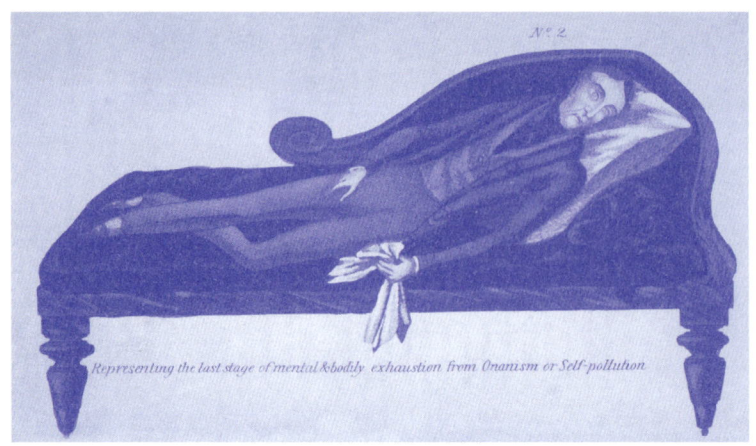

출처 : Wellcome Library, London

✱ 자위가 신체에 미치는 악영향을 보여주는 1845년 삽화.

발견되면 신고하도록 했다. 자위를 막는 기구들이 발명되기도 했다. 남성 성기를 그물망처럼 생긴 곳에 넣어 만지지 못하게 하거나, 성기가 커질 경우 바늘에 찔리도록 둥그런 쇠에 바늘을 달아놓은 기구 등이 등장했다. 세상은 또 다른 마녀사냥의 분위기에 휩싸인 듯했다.

티소 이외에도 많은 사회학자, 의사들이 자위의 위험성을 경고하고 사회문제화시켰다. 그들이 자위 행위를 문제 삼은 이유는 그저 병리학적 관점에서만이 아니었다. 당시는 국가의 역할이 무엇이며, 시민이 국가를 위해 무엇을 해야 하는지를 논의하는 사회분위기가 태동하던 시기였다. 청소년에 대한 자위금지운동이 특히 귀족층에 집중된 것도 같은 맥락이다. 귀족의 자녀는 대부분 고급 기숙학교에 입학해 교육받았다. 앞으로 나라를 이끌어가는 '막중한 역할'을 맡을 귀족 자녀들에게 수준 높은 교육은 필수였다. 그런 그들이 정력을 탕진하는 행위를 학교는 절대 허용할 수 없었고 해서도 안 됐다. 중산층 이하 가정에서도 자녀에게 자위를 금지시키는 분위기가 조성됐지만 아무래도 느슨했다.

이런 사회현상을 프랑스 철학자 미셸 푸코Michel Foucault는 '생체권력bio-power'이라는 말로 정의 내렸다. 생체권력은 개인의 신체를 볼모로 잡아 권력을 행사하는 국가주의에 대한 비판을 담은 용어다. 푸코는 국가 권력이 우리 몸 구석구석을 통제하고 감시함으로써 개인의 자유를 억압한다고 설명했다. 이것은 주로 근대 이전 시대를 설명하기 위한 도구로 쓰였는데, 자위금지도 생체권력의 일환이라는 것이다.

　푸코에 따르면 자위를 금지하는 사회문화를 만듦으로써 가정은 금욕을 실천하는 현장이자 아이들이 자위를 하는지 감시하는 공간이 됐다. 다시 말해 '개인의 몸 또한 국가에 귀속된 자산이므로 함부로 다루어서는 안 된다. 특히 자위로 체력을 탕진하는 것은 국력을 낭비하는 행위로 절대 해서는 안 된다'와 같은 인식을 심는 것이다. 푸코의 이론을 적용하면 과거 우리 정부에서 '체력은 국력'이라는 구호를 만들어낸 것도 같은 맥락으로 이해할 수 있다. 개개인의 체력은 합쳐져서 곧 국력이 되므로 개인의 신체는 국가가 관리할 수 있다는 국가우선주의 논리가 성립하는 것이다.

　푸코식 해석에 따르면 현대에 이 담론이 통하는 것은 자본주의 발달과 상관이 있다. 대표적인 것이 미국의 테일러(Taylor) 시스템이다. 인간의 노동력을 극대화하기 위해 분업화된 생산 라인을 개발한 테일러는 사람도 생산 라인의 한 부품으로서 기능하기를 바랐다. 시간과 동작을 연구해 하루 작업 표준량인 '과업(task)'을 설정하고 노동자가 그에 맞춰 일하도록 한 것이다. 실제로 테일러 시스템을 도입한 자동차회사 포드에서는 노동자 개인의 신체적 독립성은 사라지고, 사람은 조립 도구 중 하나로 기능했다. 포드가 높은 생산성을 올렸음은 널리 알려진 바다. 이로써 개개인은 자본의 필요에 부응하는 도구가 되어 복종과 순응, 규칙준수를 최고의 가치로 여기도록 강요받았다는 해석이다.

✽ '도구화된 인간'의 상징적인 이미지가 된 찰리 채플린의 〈모던 타임즈〉(1936) 한 장면.

> **국가는 어디까지 개인을 통제할 수 있는가**

자위라는 지극히 개인적이고 은밀한 행위조차 국가의 통제와 감시를 받아야 한다고 생각했던 시절이 있었음을 이해했을 것이다. 조지 오웰George Orwell의 《1984》에 나오는 빅브라더와 같은 거대한 국가 권력의 눈이 우리 몸 구석구석을 훑고 있다는 생각이 들면 오싹하기까지 하다. 아니면 이런 식으로 이 문제를 보는 것이 '오버'일까.

오늘날은 국가가 개인의 자유와 생명에 절대적인 결정권을 가질 수 없는 민주사회다. 과거처럼 국가와 사회를 위해 개인의 신체를 헌납하라는 식의 태도는 있을 수 없다. 한때 우리 사회의 주요 구호 중 하나였던 '멸사봉공滅私奉公'(개인을 버리고 공적인 일을 위해 헌신함)은 구시대의 유물이 되었다. 하지만 청소년 문제, 출산 문제와 같은 주제로 넘어가면 여전히 국가주의의 잔재가 남아 있음을 의심할 수밖에 없다.

국가주의의 전통이 강한 일본에서 2017년 9월에 벌어진 일도 마찬가지다. 일본 오사카부립 가이후칸고등학교에서 머리카락을 검정색으로 염색하라는 지시를 받은 한 여학생이 오사카부를 상대로 지도를 빙자한 사실상의 '이지메'라면서 소송을 제기했다. 그 여학생은 원래 타고난 갈색머리인데 학교가 규율과 교칙에 얽매여 지나치게 학생 개인을 구속하려고 한다고 반발했다.

《아사히신문》은 이와 관련해 도쿄 내 도립고등학교 중 절반이 넘는 학교가 곱슬머리 학생에게 '파마를 하지 않았다는 것을 증명하라'고 요구할 수 있는 교칙이 있다고 밝혔다. 일본 시민단체에서는 스커트형 교복을 입었을 때 무릎이 보여서는 안 된다거나, 속옷은 흰색만 입어야 한다는 교칙을 가진 학교도 있다고 지적했다. 이런 규칙 모두 국가 등 지도부가 구성원들을 지도 단속할 수 있다는 전근대적인 사고방식에서 나왔다는 것이다. 우리나라에서 '학생인권'과 관련해 두발자유화를 보장하라는 주장과 같은 맥락임을 느낄 것이다.

우리나라의 '낙태금지법'도 같은 관점에서 해석할 수 있다. 우리나라는 여성의 임신중절을 불법이라고 규정하고 있다. 성폭력 등 극히 예외적인 경우에만 허용#16한다. 이에 대해 여성단체들은 이것이 국가와 사회가 인구 통제를 위해 여성의 자기결정권을 침해하는 것이라고 주장한다. 우리나라만이 아니라 외국에서도 이런 논리가 통한다. 2016년에 낙태금지법을 추진하던 폴란드에서 여성들이 검은 옷을 입고 반대 시위를 벌였다. "폴란드 법안은 여성의 생식권과 자기결정권에 대한 침해"라는 여성들의 목소리가 소셜네트워크서비스SNS를 통해 유럽은 물론 미국으로까지 퍼지자 폴란드는 결국 법안을 철회했다. 반면 천주교는 여전히 낙태를 반대하는 입장이다. 여성의 자기결정권과 건강권보다 인간 생명이 우선한다고 보기 때문이다. 낙태죄 폐지 대신 남성의 책임을 강화해야 한다는 것이 천주교의 논리이다.

여성 입장에서는 '나라를 위해 출산을 해야 할 역사적 사명을 띠고 이 땅에 태어난' 것처럼 치부되는 현실을 받아들이기 어려울 것이다. 결혼과 출산은 개인적 행복의 기준에 따라 선택되어지고, 미래를 계획하는 남녀 간 합의에 따른 결과물이어야 하는데도 말이다. 여기서 낙태가 옳은가 그른가를 따지려는 것이 아니다. 초점은 국가의 개입이 어디까지 용인될 수 있는가를 묻는 것이다. 2015년 2월 간통죄가 폐지된 것도 같은 맥락이다. 간통죄는 앞서 수차례 벌어졌던 위헌 심판에서는 합헌 결정이 났었다. 그러다 사회인식이 바뀌어 개인의 집안일에 국가가 끼어드는 것은 부당하다는 흐름이 대세가 되자 간통죄가 위헌이라고 결정이 났다. 낙태죄에도 그런 잣대를 들이대지 말라는 법은 없다.

　이렇게 꼬리에 꼬리를 무는 질문은 도처에 널려 있다. 그간 당연하다고 생각해왔던 것들을 조금만 비틀어 보면 당연시 여길 수 없다는 것을 알 수 있다. 정치적 입장 차이로 대표적인 좌파와 우파의 개념 또한 마찬가지다.

#14 소설가 김영하가 '나는 나를 파괴할 권리가 있다'라는 말을 인용해 같은 제목의 소설을 1996년 발표했다. 같은 제목의 한국 영화가 2005년 개봉되기도 했다.

#15 오나니즘은 구약성서 《창세기》에 등장하는 유다의 둘째 아들 오난의 이름에서 비롯된 용어다. 오난은 자위행위를 저지른 '죄'로 하느님의 벌을 받아 죽었다. 이 용어의 유래에서 알 수 있듯이 자위는 오랜 금기였다.

#16 낙태는 자연분만 전에 태아를 꺼내거나 사망하게 하는 것을 말한다. 우리나라는 형법(제270조 1항 등)으로 낙태를 금지하는데 모자보건법에 임신부의 생명을 위협하는 경우, 강간 또는 준강간에 의한 경우 등에 한해 24주 이내 낙태는 허용된다. 2010년 조사에 따르면 16만 8738건의 낙태 시술이 있었던 것으로 집계됐다. 낙태에 대한 처벌은 한 해 10건 정도이며 대체로 선고유예나 벌금형을 선고하는 추세다.

좌파와 우파는 어떻게 나뉘는가

정치적 좌우_{左右} 개념에서 흔히 좌파는 진보적이고 급진적인 성향을 띤 사람들을, 우파는 보수적이고 체제 안정적인 태도를 가진 사람들을 말한다. 경제적 측면에서는 좌파는 분배를 중시하고 우파는 성장을 중시한다는 말도 있다. 양쪽은 계층의 이해를 반영하는 서로 다른 정치·경제적 입장 때문에 어떤 사안에서든 늘 대립했고, 한 가지 사안을 바라보더라도 시각 차이로 인해 결코 화합할 수 없는 사람들이라고 인식되어왔다. 그러나 어느 한쪽의 시각이 절대적으로 옳을 수만은 없기 때문에 좌우 대립은 지루한 논쟁의 연속이면서도 동시에 역사의 한 축을 담당해왔음을 무시할 수 없다. 좌우라는 말이 생겨난 시작부터가 그랬다.

> **자코뱅과 지롱드**

좌우 개념의 연원은 프랑스혁명 때로 거슬러 올라간다. 1789년 프랑스혁명 당시 정치권은 자코뱅Jacobins당과 지롱드Gironde당으로 나뉘어 있었다. 자코뱅은 노동자, 농민, 수공업자를 대변하는 급진 세력이었고, 지롱드는 상공업 부르주아지와 지주를 대변하는 온건공화주의자들이었다.[17] 자코뱅당은 루이 16세 폐위를 주장했고, 지롱드당은 입헌군주제를 옹호하면서 왕의 교체에 반대하는 입장이었다. 또한 지롱드당은 지방분권적인 연방공화제를 주장한 반면 자코뱅당은 서민[18]에게 피해가 돌아가는 식량 부족과 물가 상승을 막기 위해 국가가 경제를 통제할 필요가 있다고 주장했다.

양당 의원들이 이러한 의견 대립을 이룬 만큼 국민공회에 참석할 때에도 이들은 국회의장을 중심으로 좌우로 나누어 앉았다. 여기서 유래한 말이 좌파 left wing와 우파 right wing다. 이때부터 좌파는 대체로 정부 통제에 의한 국가경제 운영을, 우파는 자유방임 혹은 시장 주도의 경제정책을 선호한다는 것이 통념으로 자리 잡았다. 특히 왕정 폐지를 요구한 자코뱅당은 좌파로 기존 정치질서를 뒤엎으려 했다는 점에서 '변혁, 급진적'이라는 이미지를 얻었고, 지롱드당은 우파로 왕의 존재를 지키는 기존 정치체제를 추구한 점에서 '보수, 온건적'이라는 이미지로 색칠됐다.

좌파와 우파라는 말이 나온 과정에서 알 수 있듯이 이 말은 상대적인 개념이다. '급진 = 좌파' '보수 = 우파'라는 일반적인 도식이 적용되지 않는 경우도 많다. 예를 들어 러시아혁명 당시 상황을 봐도 그렇다.

* 1792년 1월 자코뱅 클럽의 모습.

볼셰비키와 멘셰비키

1917년 러시아혁명을 성공시킨 혁명의 중추 세력은 볼셰비키Bolsheviki('다수파'라는 뜻)와 멘셰비키Mensheviki('소수파'라는 뜻)로 나뉘어 있었다. 이중 멘셰비키는 볼셰비키에 밀려 1921년 즈음 소련 내에서 사라졌다. 흔히 진보 세력은 소수라는 통념과 달리 혁명 과정에서는 다수인 볼셰비키가 좌파, 멘셰비키가 우파였다. 러시아 왕당파라는 극우 세력과 비교하면 볼셰비키와 멘셰비키 모두 좌파에 해당하는데, 그 안에서도 좌우를 나눌 수 있었다.

아이러니한 것은 마르크스주의에 입각해 혁명을 추진한 두 혁명 세력 중 더 마르크스주의 원리에 가까웠던 것은 소수파인 멘셰비키였다는 점이다. 멘셰비키는 부르주아 좌파와의 협력을 중시 여겨 마르크스의 이론에 따라 부르주아혁명을 실현한 후 프롤레타리아혁명 단계를 밟아야 한다고 판단했다. 부르주아혁명 단계에서는 부르주아지가 혁명의 주체이며, 노동자를 중심으로 한 프롤레타리아는 그 다음 단계의 혁명에서 주체가 돼야 한다고 봤다. 그들은 자본주의가 고도화되면 자본가에게 착취당하는 노동자의 계급투쟁 혁명을 통해 사회주의로 넘어간다는 마르크스 이론에 충실했다. 그러려면 러시아는 자본주의화가 먼저 이뤄져야 한다. 따라서 그들은 자본주의가 발달하기 이전 단계에서 무장봉기와 같은 폭력적 방식으로 혁명을 이끌어야 한다는 볼셰비키에 반대했다.

볼셰비키는 이와 달리 마르크스주의에 레닌주의를 덧붙여 다른 이론을 제기했다. 볼셰비키는 당시 러시아가 후진농업국가여서

고전적인 마르크스주의 방식으로는 혁명이 불가능하다고 생각했다. 농업국가에서 부르주아 혁명을 거쳐 자본주의가 성숙한 단계에 나타나는 프롤레타리아혁명까지 기다리기에는 시간이 너무 오래 걸리므로 현실성이 떨어진다고 생각했다. 그래서 부르주아혁명 단계를 뛰어넘어 농민과 노동자가 연대해 단박에 왕정과 봉건제의 잔재를 털어내야 한다고 했다.

두 파벌의 대립에서 승리한 쪽은 볼셰비키였다. 그들은 마르크스-레닌주의에 따라 국가를 운영하는 주체가 됐다. 급진적 혁명으로 국가를 장악했으니 이제는 그들이 구축한 새로운 이념(볼셰비즘)을 온전히 보존하고 지켜야 할 입장이 된 것이다. 체제 전복을 통해 새로운 질서를 만들려던 혁명 세력은 자신들이 만든 체제를 유지해야 하는 입장이 됐다.

다음으로 볼셰비키가 당면한 문제는 제헌의회 소집이었다. 이는 볼셰비키가 기존 왕정을 폐지하면서 입헌정부 수립을 위해 국민에게 약속한 절차였다. 다른 정당들의 요구도 잇따라 1917년 11월 25일 선거가 실시됐다.

투표 결과는 볼셰비키의 참패였다. 볼셰비키는 총 유효 투표 3600만 표 중 25퍼센트인 956만여 표를 얻어, 전체 의석 707석 가운데 175석을 확보하는 데 그쳤다. 이에 비해 반볼셰비키 세력인 사회혁명당은 총 유효 투표의 58퍼센트에 해당하는 1745만여 표를 얻어 410석을 확보했다. 다수파였던 볼셰비키가 혁명을 성공시켜 놓고도 소수파로 전락한 것이다.

1918년 1월 18일 제헌의회가 열렸고 사회혁명당 등 반볼셰비키 세력은 볼셰비키가 도입한 소비에트 체제를 거부했다. 그러자 레닌과 볼셰비키는 무력으로 의회를 해산했다. 이후 러시아는 볼셰비키의 적군(赤軍)과 반볼셰비키 연합의 백군(白軍)으로 나뉘어 5년간 내전에 돌입했다.

보수와 진보의 고정적인 이미지에서 벗어나기

여기서 질문, 이 상황에서 볼 때 볼셰비키는 좌파인가 우파인가? 자신들이 만든 소비에트 체제를 유지하기 위해 스스로 소집한 제헌의회를 강제로 해산시킨 볼셰비키의 행위는 '보존하고 지킨다'는 의미인 보수(保守) 우파에 가까운 것은 아닐까. 자신들의 생각과 다른 결과가 나왔다고 해서 무력으로 의회를 해산시키는 행동만 본다면 역사에서 흔히 등장하는 파쇼, 독재 권력의 모습과 오히려 비슷하게 느껴진다.

볼셰비키처럼 혁명을 주도해 기존의 정권을 뒤엎고 집권한 뒤에는, 자신들이 세운 정권을 유지하기 위해 사전적 의미로 보수적이 돼야 한다. 그들 역시 자신들이 추구해온 이념과 가치를 '보존하고 지켜야' 하기 때문이다. 우리가 일반적으로 알고 있는 좌파는 '보존'보다 '변혁'에 중심을 두고 움직이지만, 그 변혁의 이유가 바로 자신들의 이념을 국가이념으로 내세우기 위해서라는 것을 생각한다면 당연한 일이다. 물론 집권했다고 해서 좌파로서 유지해온 기본적 가치와 이념 자체를 바꾸지는 않지만, 그 이념이 국가의 중심 이

넘이 된 이상 그들이 변화를 추구할 이유는 없다.

이렇게 상황과 환경 변화에 맞춰 좌우는 늘 변하기 때문에 좌우를 고정적으로 생각하면 세상을 읽는 변화의 흐름을 놓칠 수 있다. 또 다른 일화를 링컨 대통령에게서 찾을 수 있다.

> **링컨은 좌파인가, 우파인가**

미국에서 노예제 폐지라는 인류사상 엄청난 공로를 세운 링컨_{Abraham Lincoln} 대통령. 하지만 그는 당시로선 급진적인 주장이었던 노예제 폐지에 관한 한 미온적인 입장을 취하고 있었다. 적어도 그렇게 보이게끔 행동했다. 심지어 그는 미연방(미국)이 유지될 수만 있다면 노예제는 폐지되어도 좋고, 아니어도 좋다고 말하고 다녔다.

당시 신생 국가인 미연방은 북부의 기계공업과 남부의 농업으로 산업이 갈리면서 노동력 수요가 달라지던 상황이었다. 북부에서는 공장에서 일할 노동력을 충당하기 위해 목화밭에서 일하던 노예들이 필요했다. 반면 남부는 노예가 없으면 목화산업이 유지될 수 없었다. 노예제 폐지를 둘러싼 이면에는 이런 갈등이 자리 잡고 있었다. 남북 간 산업 구조의 차이로 인해 영국에 맞서 어렵게 꾸려진 미연방이 갈라지는 것은 정답이 아니었다. 정치적 측면에서만 따지면 노예제 폐지는 최우선 과제가 아니었다는 뜻이다.

결국 노예해방을 놓고 생각이 달랐던 남북 지역이 맞붙어 남북전쟁이 발발했다. 내전으로 인한 62만 명의 전사자는 노예해방을 위한 희생자나 다름없었다. 이 전쟁을 통해 링컨도 미연방의 결속을 위해 노예해방이 필요함을 강하게 인식했기 때문이다.

링컨의 정치 경력의 시작은 미약했다. 변호사로 일하다 일리노이주 하원의원을 한 차례 역임한 데 그쳤고, 그 이후 여러 선거에서 패배했다. 정계에서 발을 빼고 변호사로 일한 기간도 꽤 길었다. 그는 1850년대 들어 노예제가 전국적인 정치 이슈가 됐을 때 다시 정계로 돌아왔다. 그는 공화당 내 대통령 후보 결정 과정에서 숱한 정적政敵들과 맞서 토론했고, 그 과정에서 노예제 폐지에 관한 그의 생각이 세간에 알려졌다.

겉으로 보이는 그의 생각은 소극적, 혹은 미온적 노예제 폐지론이었다. 노예제 폐지에 관해 그는 당 내 다른 원칙론자와 달리 분명한 입장을 취하지 않았다. 당시 노예제 폐지론은 좌파, 그것도 극좌파라고 할 만한 사람들의 주장이었다. 노예를 재산의 일부로 생각하는 것이 당연한 시절이었던 만큼 노예제를 폐지하는 것은 재산의 손실을 가져오는 급진적인 생각이었다. 미연방 유지와 북부 산업계 이익을 대변한다는 링컨의 정치적 입장에서 보면 노예제는 있어도 좋고, 없어도 좋을 그런 사안이었다. 그는 이런 점에서 온건한 좌파였고, 노예제 폐지 문제에 관해서도 매우 유연한 태도를 갖고 있었다.

대통령에 당선된 것도 그가 극단적인 노예제 폐지론자가 아니었기 때문에 가능했다. 당 내 경선을 거쳐 대통령선거에서 노예제 옹호론자인 민주당 후보와, 같은 옹호론자로서 인민주권론Popular

* 1862년 7월 각료회의에서 링컨 대통령이 노예해방선언문 초안을 읽는 모습을 묘사한 장면이다. 〈링컨의 노예해방선언 제1 독회 (First Reading of the Emancipation Proclamation by President Lincoln)〉, 프랜시스 카펜터(Francis Bicknell Carpenter), 1864.

Sovereignty[#19]을 편 스티븐 더글러스Stephen Arnold Douglas 상원의원 등 다른 후보들로 유권자 표가 분산된 점도 그에게 유리하게 작용했다. 어중간한 위치에 있던 링컨은 두 극단의 후보들이 표를 나눠 갖는 바람에 어부지리를 본 셈이다.

1858년 일리노이주 오타와에서 벌어진 대선 토론회에서 스티븐 더글러스 상원의원이 던진 질문에 대한 링컨의 답변에서도 애매모호한 입장을 엿볼 수 있다.

"나는 백인과 흑인을 정치적, 사회적으로 평등하게 만들려는 의도가 전혀 없습니다. 양자는 신체적 차이가 있는데 그 때문에 서로 평등하게 살기란 영원히 불가능할 것 같습니다. 나도 더글러스 판사님처럼 내가 속한 인종이 더 우위에 있기를 원합니다. 흑인을 유권자나 배심원이 되게 할 생각도 없고, 흑인에게 공직을 부여할 생각도, 백인과의 혼인을 허락할 생각도 없습니다."

1860년 링컨이 대통령선거에서 당선된 후 노예제 존속 여부가 미연방의 붕괴 요인으로 작용하자 그는 남부 민심의 이반을 막기 위해 노예제에 대해 모호한 태도를 취했다. 그러자 링컨이 임명한 같은 당 소속의 장관들이 그에게 노예제 폐지에 관한 보다 명확한 입장을 밝히라고 여러 번 독촉하기도 했다.

링컨은 오히려 남부의 주들을 회유할 수 있다면 노예 소유주가 '재산'(노예)을 소유할 수 있는 권리를 보장하겠다고 말하기도 했다.

"그들이 자신의 법적 권리(소유권)를 내세울 때 나는 그것을 억지로가 아니라 진심으로 인정합니다. 나는 그들에게 도망친 노예들을 잡아들일 법이라도 만들어줄 수 있습니다."

링컨은 1861년 3월 대통령에 취임해서도 "최고 목표는 연방을 유지하는 것이지, 노예제 문제는 아니다"라고 말했다(그럼에도 바로 다음 달인 4월 남부연합[20]은 북군의 섬터요새를 공격하면서 전면전에 돌입했다). 당시 영향력 있는 신문이었던 《뉴욕트리뷴》의 발행인 호러스 그릴리Horace Greeley가 노예제 폐지 주장을 전제로 링컨의 입장을 묻는 공개서한을 보내오자 그에 답할 때도 그랬다. 1862년 8월 20일자 신문에 실린 그릴리의 〈2000만 명의 기도〉라는 제목의 편지는 "노예제도는 국가에 대한 반역 행위로 사유재산몰수법을 동원해 노예제도를 폐지하라"는 내용이었다. 이틀 뒤 보낸 유명한 답신에서 링컨은 이렇게 말했다.

"이번 전쟁의 목표는 연방 유지이지, 노예해방이 아닙니다. 노예제도를 그대로 두어서 연방이 유지된다면 그렇게 하겠습니다. 연방을 위해 노예해방을 해야 한다면 역시 그렇게 하겠습니다. 일부는 해방하고 일부는 그대로 둬야 한다고 해도 그렇게 하겠습니다. 노예제도나 유색인종에 관해 내리는 모든 결정은 연방을 유지하는 데 도움이 된다고 믿기 때문입니다. 또한 내가 결정 내리지 않는 것은 그것이 연방을 유지하는 데 도움이 안 된다고 생각하기 때문입니다. 나의 최종 목표는 연방을 유지하는 것입니다."

심지어 그는 남북전쟁 중인 1862년 7월 노예해방령을 선포하면서도 여러 단서를 달았다. 1863년 1월 1일을 기점으로 반란을 일으킨 지역(남부)에 있는 모든 노예는 자유라고 하면서도, 반란을 일으킨 지역이 90일 내에 연방으로 복귀하면 기존의 노예제를 인정하겠다고 선언한 것이다. 링컨은 연방을 유지하기 위해서라면 전면 노예해방이라는 카드를 버릴 수도 있다고 공언한 셈이다.

> **진영을 넘어 국가를 생각하다**

하지만 미연방이 유지되는 것은 힘 있는 국가가 되어야 의미 있는 일이었다. 남부 중심의 농업국가로서는 생산력 증대에 한계가 있어서 영국으로부터 막 독립한 입장에서 식민 모국과 대립각을 세울 정도의 힘을 키우기는 어려웠다. 결국 그는 남북전쟁을 불사하고서라도 노예 해방을 통한 생산력 강화를 이뤄내려 했다.

이 과정에서 보여준 그의 좌고우면左顧右眄(좌우를 돌아보다)하는 태도는 '비타협 원칙주의'와는 거리가 먼 것이었다. 노예제에 대한 그의 태도는 시종일관 애매모호했다. 이로 인해 자신이 속했던 공화당의 노예폐지론자로부터 공격을 받기도 했다.[21] 그가 끝까지 남부연합을 끌어안고자 했던 언행들은 말 그대로 줏대 없는 태도처럼 보였기 때문이다.

＊ 1863년 1월 1일 링컨 대통령이 발표한 노예해방선언문.

그의 행동을 두고 지금의 가치관으로 '무슨 소리냐, 노예제 폐지가 중요하지 연방 유지가 뭐 그리 대단한 거냐, 사람이 더 중요한 것 아니냐'라고 한다면 이 역시 하나만 보는 태도다. 노예를 사람으로 취급하지 않던 미국에서, 당시 정부의 최우선 과제는 영국에서 막 독립한 신생 미국을 힘 있는 나라로 세우는 것이었다. 이를 위해 건국 아버지들의 뜻을 이어받는 정치인의 역할은 무엇인가가 당시의 최대 화두였다. 링컨 역시 그 점을 잊지 않았다. 좌파냐 우파냐, 자신이 속한 당이 어떤 주장을 펴느냐가 중요한 것이 아니라, 무엇이 국민에게 이익을 가져다줄 것이냐를 더 중요하게 봤다. 링컨은 자신이 가장 우선적으로 해야 할 역할이 무엇인지 잊지 않았다. 덕분에 노예제 폐지라는 가장 좌파적인 결단을 내린 링컨은 결단을 내리기 직전까지 좌우를 넘나드는 것처럼 보였다. 좌냐 우냐의 흑백논리만으로는 세상사를 제대로 보고 현명한 판단을 내릴 수 없음을 보여주는 행동이다.

#17 1789년 12월 급진적 성향의 의원과 시민은 귀족이 반혁명적 움직임을 보이자 이에 대항하기 위해 '헌법을 위한 친구들의 모임'을 만들고 파리의 자코뱅 수도원을 본부로 삼았다. 여기서 유래한 이름이 자코뱅당이다.

반면 지롱드는 원래 자코뱅과 한 몸이었다. 혁명 당시에는 지롱드파라고 부를 만한 정치집단은 없었고, 훗날 자코뱅당으로 발전하는 몽테뉴파와 함께 민주 세력을 형성하고 있었다. 지롱드라는 이름은 지롱드 지방 출신의 부르주아지라는 의미로 라마르틴(Alphonse de Lamartine)이 《지롱드당사》(1847)에서 처음 썼다. 여기서는 편의상 두 세력을 구분 지어 각각 당을 붙여 불렀다.

#18 상 퀼로트(sans culotte)라고 불렀다. 귀족 남성이 입는 퀼로트(반바지)를 입지 않는 사람들이라는 뜻이다. 즉, 긴 바지를 입는 하층민을 의미한다.

#19 노예제 옹호론자였던 스티븐 더글러스가 1854년 내놓은 주장으로, "노예제를 그대로 둘 것인지 말 것인지를 각 주가 투표로 결정하게 하자"는 내용이다.

#20 1861년 남북전쟁 시작부터 1865년까지 존재한 공화국. 노예제를 옹호하는 지역으로 사우스캐롤라이나, 미시시피, 플로리다, 앨라배마, 조지아, 루이지애나, 텍사스 등 7개주로 결성됐다. 전쟁이 시작되자 버지니아, 아칸소, 노스캐롤라이나, 테네시 등 4개주가 가세해 총 11개주가 됐다.

#21 링컨이 속했던 당은 지금은 보수 우파로 분류되는 공화당이다. 전신이 휘그당인 공화당은 노예제 폐지를 기치로 내세운 정치인들이 결성한 당이다. 오늘날 미국의 공화당은 보수의 가치를 지키려는 당이고, 현재 비교적 진보적 입장을 가진 민주당은 당시는 남부 출신들로 구성된 보수당이었다. 남북 전쟁 당시 공화당은 노예제 폐지를, 민주당은 노예제 옹호를 주장했다. 지금과 같은 보수와 진보 구도라면 민주당이 노예제 폐지, 공화당이 노예제 옹호를 주장했을 법한데 뒤바뀐 것이다.

범죄는 엄벌이 최선인가

일벌백계 罰百戒(한 사람의 범죄를 엄히 다스려 다른 사람에게 경고함)는 처벌보다 예방에 의미를 두는 고사성어다. 본보기로 하나의 범죄를 엄벌함으로써 다른 사람이 범죄를 저지르지 않게 하는 효과를 거두려는 것이다. 과거에 공개처형이나 효수梟首(죄인의 목을 베어 높이 매닮) 같은 극형이 그런 이유로 자행됐다.

범죄를 처벌할 때 중요한 것은 법 집행의 일관성이다. 이때의 일관성은 말 그대로 법 집행 과정에서 판결 내용을 끝까지 지켜야 한다는 의미다. 일벌백계 차원에서 엄벌해놓고는 나중에 사면해버리면 다른 사람들은 그 법을 우습게 보고 지키지 않는다. 범죄를 저질러도 나중에 용서받을 수 있다는 잘못된 인식을 심어줬기 때문이다.

또 엄벌은 범죄 예방을 위한 장치인 동시에, 피해자의 '복수심'을 해소시켜주는 역할도 한다. 죄 지은 자를 징벌하는 것은 피해자의 억울함을 해소해준다는 점에서 사회를 유지하는 데 중요한 기능을 한다. 죄를 지은 사람이 처벌받지 않으면 사회정의가 실현되지 않았다는 국민의 불만에 맞닥뜨리게 된다. 그렇다면 벌이 무거워질수록 범죄는 없어지고 사회는 안전해질까? 이번에는 엄벌과 범죄 예방의 상관관계를 따져보자.

> ### 처벌을 강화하면 범죄는 없어질까

인간적으로 도저히 용납할 수 없는 일에 이성을 발휘해 참거나 냉정하게 대처하기는 정말 어렵다. 2008년 12월 경기도 안산시에서 벌어진 이른바 '조두순 사건'이 그런 부류의 일에 해당한다.

이 사건은 한 교회의 화장실에서 조두순(당시 56세)이 8세 여자아이를 강간해 상해를 입힌 사건이다. 당시 피해를 입은 아이는 '나영이'라는 가명으로 세상에 알려졌고, 이 일은 '나영이 사건'이라고 이름지어졌다(추후 피해자를 부각시키는 방식으로 사건 이름을 짓는 것은 문제가 있다는 여론이 나와 '조두순 사건'으로 이름이 바뀌었다).

조두순은 2009년 언론 보도로 사건이 세상에 알려진 뒤에야 수사에 착수한 경찰에게 붙잡혔다. 그리고 징역 12년형을 선고받았는데, 수법의 잔혹성과 반성하지 않는 태도를 보이는 그의 파렴치함 때문에 형량이 너무 낮다는 여론이 들끓었다. 이후 2017년에는 그의 출소를 앞두고 재수감 청원운동이 벌어져 수십만 명이 참여하기도 했다. 어린아이의 일생을 망친 짐승이 풀려나 거리를 활보한다니, 국민이 분노하는 것은 자연스러운 일이었다.

일반적으로 사람들은 살인 사건보다 성범죄 사건에 대해 가해자에 대한 처벌을 더욱 강력히 요구하는 경향이 있다고 한다.[22] 그것은 살인 사건과 달리 성범죄가 갖는 특수성 때문이다. 성범죄는 한 사람의 성적 정체성을 파괴하고 피해자의 사회생활에 큰 영향을 준다. 더군다나 피해자는 대부분 여성이라서 사회적 약자에게 해를 끼친 가해자에 대한 공분이 일어나기 쉽다. 피해자가 나의 누이이거나 동생 혹은 딸이었을 수도 있다는 식으로 감정이입이 쉽게 일어나기 때문이다. 이로 인해 수사기관이나 법원도 소위 '국민의 법法 감정'이라는 것을 무시하기 힘든 경우가 많다. 법 감정이란 어떤 범죄에 대해 어느 정도의 처벌이 알맞다고 여기는 일반적 인식을 말한다. 여기서 처벌의 강도는 법 규정을 떠나 국민의 감정에 크게 좌우된다. '그 정도는 약하다' 혹은 '그 정도면 적당하다' 식의, 어찌 보면 비논리적이고 비이성적 판단일 수 있다. 조두순의 경우도 징역 12년은 결코 짧지 않은 형량이지만 범행의 흉악함을 단죄할 만큼은 아니라는 여론으로 법원과 검찰에 대한 비난이 거셌다.

그렇다고 형이 확정돼 복역 기간이 끝난 피고인을 다시 잡아 넣는다는 것은 있을 수 없는 일이다. 국민 감정에 맞지 않더라도 불가하다. 그렇지 않으면 헌법재판소가 인권 침해 소지가 있다고 해서 위헌 판결을 내린 보호감호제도를 부활시키는 꼴이 된다.

보호처분제도 중 하나였던 보호감호제도는 형을 끝까지 복역한 사람이 출소 후 사회에 위해를 가할 가능성이 있다고 여겨질 경우 다시 감호소에 수감할 수 있다는 제도다. 재수감 명분은 '교화 및 사회 복귀를 위한 직업훈련'이었지만 실제로는 사회와 격리시키기 위해 무작정 가둬두는 것에 지나지 않았다. 그들은 보호감호시설인 청송감호소에 수용됐다. 이 제도가 도입된 때는 1980년이었다. 전두환 전 대통령이 군사행동으로 권력을 장악한 해다.

이후 보호감호제도에 대한 이중 처벌과 인권 침해 논란이 계속됐다. 보호감호 처분을 받은 사람들은 대체로 흉악범이었지만 그 중에는 정치범도 있어서 정권이 반대 세력을 탄압하는 수단으로 악용한다는 비판이 나왔기 때문이다. 결국 2005년 7월 근거법인 사회보호법이 폐지되면서 보호감호제도도 폐지됐다. 지금은 비행 청소년을 교도소에 수감하지 않고 집행유예 등으로 석방 처분한 뒤 사회에서 담당자가 재범 여부를 관찰하는 보호관찰제도만 운영되고 있다.

그러면 흉악범을 어떻게 처벌하면 좋을까. 중범죄는 엄벌하는 것이 옳다. 중범죄에 대해서는 처벌을 강화하는 것이 국민 감정에도 맞다. 법원도 흉악범죄에 대해서는 최대 형량을 선고하는 방식으로 처벌 수위를 높이고 있다. 국회는 2010년에 유기징역의 상한을 기존 15년(가중처벌 시 25년)의 2배인 30년(가중처벌 시 50년)으로 늘리는 법안을 가결했다. 또 아동이나 청소년에 대한 강간죄의 공소시효를 폐지해 범인이 늦게라도 붙잡히면 반드시 처벌받게 했다. 전자발찌 착용 기한도 최대 30년까지 연장했다.

이렇게 하면 끝일까. 그럼 앞으로 조두순 같은 사람은 생기지 않을까. 처벌이 이만큼 강화됐으니 벌이 두려워서라도 성범죄를 저지르려던 사람들은 한 번 더 생각하고 범행을 저지를까. 이에 대한 답은 '아니다'이다. 처벌을 강화하는 것만으로 관련 범죄가 사라진다면 최고 사형이 선고될 수 있는 극악무도한 범죄는 이론적으로 발생하지 않아야 한다. 그러나 현실이 그렇지 않다는 것은 모두가 알고 있다. 이것이 사형제 폐지론자의 논거이기도 하다. 처벌을 강화한다고 해서 범죄가 예방되는 게 아니라는 주장이다(사형제의 경우는 나중에 진짜 범인이 잡히거나 무죄임이 밝혀졌을 때 피고인이 사형당하고 나면 절대 회복할 수 없다는 점 때문에 폐지론에 힘이 실린다).

> **범죄 도시가 된 캘리포니아**

강력한 처벌을 위주로 법을 운용하고 있는 미국 캘리포니아주의 사례를 보면 좀 더 이해가 쉬울 것이다. 캘리포니아주는 속칭 삼진아웃법three strike law을 갖고 있다. 이는 범죄의 내용이 무엇이건 간에 같은 범죄로 세 번 유죄 선고를 받으면 세 번째 범죄에 대한 판결은 25년 이상 징역형이거나 최대 종신형이어야 한다는 내용이다. 세 번씩이나 같은 범죄를 저지르는 사람을 교화시키려고 해봐야 소용없으니 아예 사회에서 격리하는 게 옳다고 판단한 것이다. 법리를 그대로 따른다면 소매치기를 세 번 해도 최대 종신형까지 선고될 수 있다. 미국 내에서도 규정이 너무 지나치다는 비판이 일어 2012년 주민 투표를 거쳐 개정됐고, 현재는 강력범을 제외하고는 적용되지 않고 있다.

그럼 이렇게 강력한 처벌제도를 갖고 있는 캘리포니아주에서는 범죄가 줄었을까. 반대로 강력범죄가 늘었다는 것이 범죄학자들의 말이다. 작은 범죄로 이미 두 번 처벌을 받고 세 번째 범죄를 저지른 범인의 경우 잡히면 강력한 처벌을 받는다. 그러면 범인의 선택은 분명해진다. 목격자를 남기지 않기 위해 피해자를 위협하는 수준으로 끝낼 수 있는 상황에서 살인을 저지르게 되는 것이다. 캘리포니아는 장기 복역 재소자가 늘어 교도소를 더 지어야 했다. 미국 법무부 통계에 따르면 재소자 1인당 연간 유지비가 5만~6만 달러(우리 돈 5300만~6400만 원)가 들어간다고 한다. 2013년도와 2017년도에는 적자 재정으로 34개 교도소에 수감된 11만여 명의 재소자들을 수용할 예산이 없어서 형기도 채우기 전에 조기 석방하는 일까지 벌어졌다. 이로 인해 범죄는 더욱 늘어났다. 결국 캘리포니아주는 세금은 더 많이 쓰면서도 사회가 안전해졌다는 장담은 할 수 없는 딜레마에 빠진 셈이다.

이런 점을 수백 년 전에 내다본 사람이 영국의 대법관 출신 작가 토머스 모어Thomas More였다. 그는 《유토피아》를 통해 당시 영국 사회가 당면한 여러 불합리한 점을, '이상적인 사회'(유토피아)를 다녀온 가공인물 라파엘의 입을 빌려 지적했다. 그중 한 대목이 형사 처벌에 관한 내용이다.

"도둑을 교수형으로 처벌하는 것은 공정한 처벌의 한계를 벗어난 것이며, 나라에 아무런 도움이 되지 않는다. 형벌 자체가 지나치게 가혹한데도 범죄를 억제할 힘이 없다. 단순한 절도 행위는 사형을 받을 만큼 큰 범죄가 아니다. 게다가 도둑질밖에는 살아갈 방도가 없는 사람들에게 아무리 무서운 형벌을 가한다고 해서 그 짓을 멈추게 할 수 없다.

(…) 라파엘은 사람들이 도둑질을 하는 요인 중 하나로 양떼를 들고 있다. 양떼는 마구 먹어치워서 농지, 가옥, 도시를 황폐화시킨다. 귀족들은 양모를 생산하기 위해 경작용 농지를 남겨놓지 않고 모두 울타리로 막아 목장으로 만들고 가옥을 헐어 마을을 없앤다. 이들은 인간의 주택과 경작지를 불모지로 만들고 있다. 귀족 때문에 사람들은 집을 떠나 부랑자가 되고 결국 도둑이 된다.

짐승을 기르기 위해 경작지에 울타리를 치기 때문에 여러 지역에서 식료품값이 오르고, 양모산업은 극소수 사람의 수중에 과점되어 양모값도 오른다. 농업이 쇠퇴함에 따라 소를 기를 사람이 없어 가축 가격도 오른다. 송아지를 증식하지 않고 야윈 송아지를 싸게 사서 살찌운 뒤 비싸게 파는 데 치중한다. 가축을 번식시켜 기르는 것보다 가축을 사들이는 일에만 치중하면 점차 공급이 줄어들고 심각한 부족 상태를 낳아 가축 가격이 오르고 결국은 생계비가 올라간다. 생계비가 올라가면 머슴들을 집밖으로 내보내서 부랑자가 늘어난다."

토머스 모어는 라파엘의 말을 인용하는 형식으로, 일터가 사라지면서 생계를 위해 어쩔 수 없이 도둑질을 한 평범한 농민을 사형에 처하는 것은 지나치게 가혹하다고 비판했다. 본인이 대법관이었으므로 농민이 범죄자가 되는 사정을 더욱 잘 알았으리라. 그는 절도범까지 사형시킨다면 물건을 훔치다 들켰을 때 목격자의 입을 막으려고 살인범이 되는 일이 생길 수 있다고 경고했다.

그럼 모어의 말처럼 엄벌이 정답이 아니라면 어떻게 해야 하는가. 조두순을 엄벌해도 유사 범죄가 사라지지 않는다면 방법이 없는 걸까. 엄벌로도 예방이 되지 않는다면, 어린 자녀를 둔 부모들은 늑대로 인해 자녀가 위험해질까 전전긍긍해야 한다는 이야기가 된다.

> **깨진 유리창 이론과 범죄 예방**

그에 관한 답을 찾기 위해서는 시스템의 문제점을 지적한 스탠퍼드 감옥 실험의 필립 짐바르도 교수를 다시 한 번 호출해야 한다.

짐바르도 교수의 또 다른 유명한 이 실험은 두 대의 중고 승용차를 사는 것으로 시작됐다. 그는 번호판이 없고 보닛(후드)을 열어 놓은 상태의 차량 한 대를 범죄율이 높기로 이름난 뉴욕주 브롱크스에, 다른 한 대를 스탠퍼드대가 있는 캘리포니아주 팰로앨토 주택가에 두었다. 그리고 어떤 일이 벌어지는지 관찰했다.

브롱크스에 둔 차량은 방치되고 몇 분이 지나기도 전에 부품을 도난당했다. 어떤 가족이 와서 배터리와 라디에이터 같은 부품을 뜯어갔고, 하루가 지날 즈음에는 타이어와 내부 장식품까지 모조리 사라졌다. 이후 누군가 앞 유리창을 둔기로 때려 부수자, 곧

* 유리창이 깨져 있는 차는 관리가 되지 않는 차량이라는 인식으로 쉽게 도난을 당하거나 망가진다. 이 차량이 방치되면 거리의 범죄율까지 높일 수 있다.

차량 전체가 폐차 수준으로 전락했다. 차는 아이들의 놀이터가 돼 버렸다.

반면 팰로앨토에 둔 차량은 일주일 이상 아무런 변화가 없었다. 거주민의 생활수준을 고려할 때 자연스러워 보였다. 이를 근거로 브롱크스에 둔 차가 빨리 부서진 것은 역시 우범 지역에 사는 사람들 탓이라는 추론이 가능한 듯했다.

여기서 짐바르도 교수는 팰로앨토에 있던 차량에 하나의 변수를 추가했다. 멀쩡했던 차량의 앞 유리창을 일부러 부순 것이다. 그러자 이 차 역시 얼마 못 가 브롱크스에 둔 차와 운명이 같아졌다.

짐바르도 교수는 두 차량이 부서지는 과정을 관찰한 결과, 두 차량을 부순 사람들은 대체로 잘 차려 입고, 머리와 수염을 깔끔하게 자른 평범한 백인이었다고 증언했다. 흑인이나 동네 부랑자의 소행이리라는 예상이 빗나간 것이다.

짐바르도 교수의 실험은 1982년 대중에게 널리 알려졌다. 제임스 윌슨James Q. Wilson과 조지 켈링George L. Kelling이 미국 월간지 〈애틀랜틱 먼슬리Atlantic Monthly〉에 '깨진 유리창 이론Broken Window Theory'이라는 이름으로 짐바르도 교수의 실험을 소개하면서부터였다. 이는 널리 알려진 것처럼 깨진 유리창 하나(사소한 문제)를 방치하면 그 피해가 곧 전체 조직에 미친다는 내용이다.

예를 들어 빈 집의 유리창 한 장이 깨지면 이후 그 집은 순식간에 쓰레기장이 된다. 지나가던 사람들이 유리창이 깨진 채 방치된 빈집에는 쓰레기를 버려도 상관없다고 생각해 계속 쓰레기를 버린 결과다. 깨진 유리창 이론은 큰 사고가 일어나는 데는 사소한 전조가 반드시 있다는 하인리히 법칙[#23]과 같은 맥락으로 이해되어 경영학이나 조직론 등에 자주 인용된다.

짐바르도 교수의 실험이 보여주려고 했던 것은 범죄행위가 어떻게 일어나는가였다. 짐바르도 교수의 논리는 범죄란 지역적 특성이나 사람의 성향보다는 감시의 눈이 없다고 여겨질 때 더 잘 일어날 수 있다는 것이다. 바꿔 말하면 감시하는 눈이 많을수록 범죄율은 낮아진다는 것이다. 범죄가 일어나는 것은 곧 주변 환경과 밀접한 관련이 있다는 의미다. 거리가 깨끗하고 잘 정돈된 지역에서 범죄율이 훨씬 낮았던 실제 사례가 이를 방증한다. 뉴욕시가 대표 사례다.

> **누군가 나를 지켜보고 있다**

1980년대 중반 뉴욕시는 범죄의 온상이었다. 영화 〈배트맨〉의 무대 배경인 암울한 '고담시'가 뉴욕을 모델로 한 것이라는 해설이 나올 정도였다. 거리는 온통 낙서투성이였고 지하철은 더러웠으며 범죄가 끊이지 않은 기피 지역이었다. 밤거리는 위험해서 기업들은 범죄를 피해 근교의 뉴저지로 대거 빠져나가고 있었다.

사정이 바뀐 것은 1994년 검사 출신 루돌프 줄리아니Rudolf Giuliani가 뉴욕시장에 취임하면서였다. 그는 먼저 거리 정화 작업에 나서 거리 벽화graffiti를 없애는 데 주력했다. 시내 곳곳에 CCTV를 설치해 낙서한 사람들을 추적해 적발했다. 지하철 내부도 깨끗하게 청소하고 범죄와의 전쟁을 선포해 단속하자 거리가 바뀌기 시작했다. 범죄율은 75퍼센트나 감소했다.

　범죄자를 처벌하지 않을 수는 없다. 죄를 지었는데 처벌받지 않으면 아무도 범죄를 저지르는 데 죄책감을 느끼지 않을 것이다. 처벌 자체만으로도 최소한의 예방 효과는 분명히 있다. 또 피해자를 생각하면 가해자를 처벌해야 징벌에 따른 위로 효과가 생긴다. 그걸 국가가 하지 않으면 린치와 같은 사적 보복이 이어질 수 있다. 근대 이전으로 역사가 거꾸로 돌아가는 꼴이 된다.

　다만 범죄학자들이 '처벌' 못지않게 '예방'을 강조하는 이유를 생각해볼 필요가 있다. 범죄학자가 말하는 예방 효과라는 것은 처벌을 강화함으로써 거둘 수 있는 효과가 아니다. 처벌은 사회적 합의에 따라 적정 수준을 유지하되, 범죄가 일어나지 않도록 사전에 각종 사회적 안전 장치를 마련하자는 것이다. CCTV 확충, 신고제도 활성화 같은 것들이다. 보는 눈이 많으면 함부로 행동하지 않는 사람들의 성향을 이용하는 것이다. 박미랑 한남대학교 경찰학과 교수는 "범죄 정책은 사람들의 분노(를 해소하기 위해서)가 아닌 안전을 위한 것"이라고 말한다. 또한 "범죄가 발생하면 피해자의 삶의 회복에 집중하고 가해자가 만들어지는 원인을 제대로 짚는 반성이 가장 먼저"라고 단언했다.[#24]

　윌리엄 스턴츠William J. Stuntz 하버드 로스쿨 교수는 자신의 명저 《미국 형사사법의 위기》에서 처벌이 강화되고, 처벌받는 범죄자의 숫자가 증가한다고 해도 범죄율 증감에는 그다지 영향을 못 미친다고 말했다. 그는 형벌을 강화해도 범죄를 막지 못하기 때문에 사회 안전이나 정의는 보장받지 못하고 오히려 형사법이 신뢰를 잃어 붕괴할 것이라고 경고했다. 아무리 범죄자를 처벌해도 범죄행위가 줄어들지 않으면 현재의 형벌제도가 잘못된 것이라는 의심만 커진다는 말이다. 스턴츠 교수는 "따라서 범죄는 처벌하는 것만이 능사가 아니며 사전에 예방하는 것이 더욱 중요하다"는 논지를 폈다. 그리고 이는 지역사회 주민이 참여하는 지역 민주주의의 회복을 통해 가능하다고 했다. 지역사회에서 모두가 감시자의 역할을 할 때 범죄 발생률이 낮아진다는 앞의 실험 결과와 같은 맥락의 주장이다.

이런 관점에서 보면 나영이와 같은 피해자가 발생하지 않으려면 조두순을 강력히 처벌하라고 목소리를 높이는 것만으로는 안 된다. 우리 사회에서 범죄를 예방하기 위해 필요한 것은 '신고와 감시' 체계를 강화하는 것이다. 동네에서 벌어지는 사소한 탈·불법행위에 대한 주민의 신고, 가정폭력에 대한 이웃이나 가족 구성원의 신고 등을 나쁘게만 볼 일이 아니다. 이웃을 감시하는 것은 '한국의 정情 문화에 맞지 않다'는 생각은 이제 바뀌어야 한다. 범죄 예방의 관점에서만 보면 CCTV를 촘촘히 설치하는 것이 훨씬 낫다. 그것이 비록 사생활을 침해한다는 우려가 들더라도 더 큰 사고를 막으려면 이쯤은 받아들여야 하지 않을까.

#22 양창수 전 대법관은 2013년 법원행정처가 발행하는 월간지 〈법원 사람들〉 3월호에 실린 〈논문집을 받으며 한 말〉이라는 글에서 "성범죄에 대한 양형이 내가 대법관이 된 2008년 이래 많이 늘었다. 양형에서의 변화가 법관들이 숙고한 결과인지, 개정된 법률 때문인지, 혹은 양형 기준표를 반영해서인지, 아니면 인터넷에서 보이는 여론 혹은 보다 구체적으로 말하면 언론의 압력에 기인하는 것인지 잘 모르겠다. 만일 언론의 압력에 기인한 것이라면 이는 우리 법관이 행하는 심판 작업의 실체에 대해 근본적인 문제를 제기해야 할 일이다"라고 말했다.

#23 1931년 미국 보험사의 손실통제 부서에서 일하던 허버트 윌리엄 하인리히(Herbert William Heinrich)는 《산업재해 예방-과학적 접근(Industrial Accident Prevention: A Scientific Approach)》이라는 책을 펴내면서 1:29:300법칙을 제시했다. 산업재해 통계를 토대로 중상자가 1명 발생하기 전에 같은 원인으로 발생한 경상자가 29명, 같은 원인으로 부상당할 뻔한 잠재적 부상자가 300명 있었다는 사고 발생비율을 계산해낸 것이다.

#24 〈[어떻게 생각하십니까] 소년범 형사처벌 제한연령 하향 - 반대〉, 《서울경제》, 2017. 9. 21.

법이 사회를 바꿀 수 있을까

처벌이 능사가 아니라는 것을 보여주는 또 다른 사례가 1920년 미국의 금주법禁酒法, National Prohibition Act 시행이다. 수정 헌법 18조와 미네소타주의 공화당 하원의원인 볼스테드Andrew Volstead(금주법을 볼스테드법이라고도 부른다)가 발의한 전국 금주법에 의해, 미국과 관할 영역 내에서 마실 목적으로 0.5퍼센트 이상의 알코올을 함유한 주류를 '양조, 판매 또는 운송하거나 수입 또는 수출하는 것'을 금지하는 내용이다.

이 법이 나온 데는 금욕을 강조하는 미국의 청교도 전통이 한몫했다. 청렴과 절제 등을 중요한 가치로 여기는 청교도들이 영국에서 건너와 미국이라는 신세계를 개척한 지도 벌써 200년 가까이 흐른 뒤였다. 여기에다 19세기 말부터 유럽의 여러 나라에서 온 이민자가 급증하면서 미국의 건국 정신이 희미해진다는 인식이 퍼졌고, 이를 바로잡자는 운동이 벌어졌다.

널리 알려져 있듯이 아일랜드인은 우리나라 사람 못지않게 음주가무를 즐기는 민족이다(케네디 대통령이 아일랜드 이민계다). 그들은 술만 마셨다하면 시끄럽게 떠들고 싸움을 일삼아 민폐를 끼친다는 인상을 주고 있었다. 독일이나 이탈리아계 이민자도 음주에 관대하기는 마찬가지였다. 특히 인구가 집중되는 도시에서 음주로 인한 각종 범죄와 사고가 늘어나자 금주에 대한 목소리는 날로 커져갔다. 여기에 여성이 참정권운동과 함께 금주운동을 추진하면서 금주법 제정을 거들었다.

> **왜 여성운동가는 금주운동을 벌였나**

그중에서도 '도끼의 여왕'이라 불리던 캐리 네이션Carrie Nation이 캔자스주에 등장한 이후로 금주운동은 전국으로 퍼져갔다. 그녀는 첫 남편이 알코올 중독으로 죽은 것을 계기로 술을 혐오하기 시작했다. 1900년 6월 초 네이션은 금주운동을 위한 기도를 하다 하늘의 계시를 받았다고 주장했다. 계시는 '술집을 때려 부수라'였다.

그녀는 처음엔 돌을 들고 술집을 찾아가 문과 기물을 부쉈다. 나중에는 도끼를 들고 나섰다. 그녀는 기독교여성금주회 회원들까지 동원해 도끼를 들고 "때려 부수자, 여성들이여 때려 부수자!"라고 소리 지르며 술집을 찾아다녔다. 이들이 나타나면 술집 주인과 손님들은 도망 다니기 바빴다. 네이션은 1900~1910년 동안 도끼질로 경찰에 30번 이상 체포되면서도 일리노이주, 오하이오주, 뉴욕주까지 원정을 다녔다. 그 비용은 강연으로 조달하거나 자신의 사

✱ 캐리 네이션이 도끼와 성경을 들고 있는 모습(위). 캐리 네이션은 여성운동의 상징이 되었고, '여성의 거룩한 전쟁'이라는 만평의 소재가 되기도 했다(아래).

진, 기념 손도끼 등을 팔아 마련했다. 이런 움직임 덕에 1920년 금주법이 제정되기 전 자체적으로 금주법을 제정한 주가 이미 24개주에 이르렀다.

 1차 세계대전이 발발하자 1917년 4월 참전을 결정한 미국은 '식량통제에 대한 법률'을 만들어 전쟁 물자 공급을 위해 곡물 사용을 제한하기 시작했다. 모든 술은 곡물을 주정으로 만들기 때문에 정부의 제한 조치로 유통과 판매에 타격을 입을 수밖에 없었다. 나아가 미국 정부는 위스키 등 증류주의 제조를 중단시키고 맥주도 알코올 도수를 2.75퍼센트까지 낮추도록 했다.

 1920년에 금주법이 발효되자 곧바로 효과가 나타났다. 뉴욕에서는 법 시행 9개월 만에 금주법 위반 체포 건수가 1만 건에 달했다. 대부분의 피고인은 소액의 벌금을 내거나 수개월간 구금되는 처벌을 받았다. 덕분에 1920년대 맥주 소비량은 종전에 비해 무려 70퍼센트나 감소했다.

> **법의 허점을
노리는 사람들**

그래도 사회는 경건해지지 않았고 술로 인한 사건, 사고도 사라지지 않았다. 세상이 이렇게 법으로 뚝딱 통제될 수 있다면 무슨 걱정이 있겠는가? 아무리 좋은 의도로 시작했다 하더라도 결과가 꼭 선의에 부합하지는 않는다는 것이 로베스피에르_{Maximilien de Robespierre}의 반값 정책 이후 역사가 보여주는 결과다. 금주법도 크게 다르지 않았다.

먼저 금주법이 없는 이웃나라의 술 제조·판매업자들이 이득을 봤다. 미국의 애주가들은 중남미로 가서 술을 마셨다. 술을 마시러 가는 이들을 위해 플로리다와 카리브해를 잇는 항공노선까지 만들어졌다. 미국 내에서는 음성적으로 유통되는 술값이 급등했고 가짜 술도 나돌기 시작했다. 이어 일반 가정에까지 밀주密酒 제조가 퍼져갔다. 약사들은 의약용 알코올을 조제하느라 바빠졌다. 소독용 알코올을 가짜 술을 만드는 데 사용해서 이를 마시고 숨지는 사람도 늘어갔다. 1928년 뉴욕에서는 차량 부동액과 페인트에서 알코올을 추출해 마신 34명이 4일 동안 잇따라 숨지는 사건도 발생했다.

가짜 술은 주로 '진Gin'이었다. 당시 미국에서 진이 많이 만들어진 데는 역사적인 이유가 있었다. 17세기에 네덜란드에서 만들어진 증류주인 진은 노간주나무 열매를 알코올에 넣고 증류한 술이다. 이뇨 작용과 해열에도 효과가 있어서 처음에는 약국에서 판매되다가 네덜란드에 주둔하던 영국 군인이 자국에 전파했다. 영국의 주류업자들은 진을 대량생산하는 길을 열었고, 1720년경부터 영국에 이른바 '진 광풍Gin Craze'이라고 불리는 현상이 불어닥쳤다.

값싼 진은 빈민층과 저소득 여성에게 특히 인기가 높았다. 주로 맥주를 마시던 영국 서민은 알코올 도수가 높은 술에 익숙하지 않아서 진을 맥주 마시듯 들이키다가 탈이 나는 일이 많았다. 빈민가에서는 술에 취한 사람이 각종 범죄와 사고를 일으키는 일이 다반사였다. 이런 현상이 30여 년간 지속되면서 알코올 중독자가 넘쳐나자 지배층이 크게 우려하기 시작했다. 전 세계를 상대로 식민지를 개척하기 위해 군인과 노동자 등의 노동력이 필요하던 영국 정부로서는 국민이 술에 취해 휘청거리는 현실을 손 놓고 보고만 있을 수는 없었다. 알코올에 중독된 여성이 출산할 경우에는 태어난 아이의 건강도 좋지 않을 게 뻔했다. 정부는 결국 가격을 강제로 올리는 등의 법을 만들어 진의 유통을 막으려 들었다. 하지만 서민의 반발로 법은 곧 폐기됐다.

영국 이민자가 주력이 돼 건립한 국가인 미국에 진이 전파되는 것은 시간문제였다. 금주법 바로 전에는 미국에서 가장 인기 있는 술 중 하나가 됐다. '네덜란드가 진을 만들고, 영국이 이를 세련되게 했으며 미국에서 꽃을 피웠다'는 말이 만들어질 정도였다.

금주법 시행 이후 미국에서 가짜 진을 만들기까지는 이런 역사적 연원 외에도 법의 허점이 한몫했다. 금주법은 주류의 양조, 판매, 유통은 금지했지만 가정 내 주류 소지 및 음주, 집을 방문한 손님에 대한 주류 제공은 막지 않았다. 법대로라면 주류를 구하기만 한다면 소지하고 마시는 것은 처벌 대상이 아니었다. 그러니 부유층은 돈을 더 주면 어떤 술이든 구하기 어렵지 않았다. 금주법으로 인해 불편과 고통을 겪는 사람들은 주로 서민이었다. 이 현상을 윌리엄 스턴츠 교수는 《미국 형사사법의 위기》에서 이렇게 묘사했다.

"맥주에 비해 다른 주류 소비의 감소폭은 훨씬 작았다. 가격만 본다면 맥주는 노동자 계층의 음료이며, 더 부유한 소비자는 칵테일을 마셨다. 맥주는 양이 많고 가격은 싼데 더 큰 공장 시설과 운송 수단, 그리고 접근이 쉬운 판매점을 필요로 한다. 일반 주류는 반대의 특징을 가지기 때문에 판매자 입장에서 제조와 운송과 판매가 적발될 가능성이 더 적었다. 가난한 소비자의 시장은 법 집행기관에 적발되기 더 쉬웠다. 부유층이 이용하는 주류시장은 그 가능성이 더 적었다."

법을 집행하는 데 있어서 법을 위반하면 처벌받는 것이 모든 사람에게 적용되어야 그 법이 정당하다는 인식을 준다. 무엇보다 법의 취지를 대다수가 받아들여야 저항이 없다. 그런데 금주법은 정반대였다. 법의 적용 대상 중 절대다수가 불만스러워했고, 서민에게만 피해와 처벌이 돌아갔다. 이렇게 되면 서민은 '법이 편향됐다'면서 불평하기 시작할 것이고, 법을 무시하는 사태까지 벌어진다. 이로써 법은 반쪽짜리가 돼버린다.

여기에 기름을 부은 사람이 갱단 조직의 우두머리로 이름을 떨친 알 카포네Al Capone였다. 버드와이저와 같은 합법적 기업들이 사실상 문을 닫자 밀주 제조에 손을 댄 갱단이 번성하기 시작했다. 그중 알 카포네는 '시카고 아웃핏Chicago Outfit'이라는 갱단을 이끌면서 살인도 서슴지 않는 방식으로 주류 밀매시장을 장악했다. 그때 그의 나이가 20세였다.

갱단이 제공한 것은 술만이 아니었다. 매춘과 도박장에까지 손을 뻗친 알 카포네는 1927년 한 해 총 수입이 1억 달러에 달했다. 검은돈의 규모는 점점 커졌고 지하경제는 암적인 존재로 발전했

✱ 1930년 31세의 알 카포네.

다. 그는 이 돈으로 정치인, 공무원, 경찰, 언론인 등을 매수해 자기에게 유리한 쪽으로 세상을 몰고 갔다. 훗날 알 카포네는 당시 미국 사회의 부패를 상징하는 인물로 평가받았다. 또한 수많은 영화와 소설의 모티브가 되기도 했다.

> **법의 풍선효과**

상황이 변한 것은 1929년 미국에 대공황이 찾아오면서였다. 어차피 지키지도 못할 법이어서 실효성 논란이 일던 차였다. 금주법 시행 후 9년이 지나면서는 국민 사이에서 청교도적 엄숙주의에 대한 염증이 퍼져갔다. 사람이 어떻게 매일 기도만 하면서 살겠느냐며 피로감을 호소하는 사람이 늘어났다.

이런 혼란 속에 대통령선거에 출마한 루스벨트Franklin Roosevelt 대통령은 금주법 폐지를 공약으로 내걸었다. 1932년 대통령선거에서 승리한 그는 이듬해에 금주법 폐지안에 서명했다(처음에는 36개주만 폐지했고, 미국 전역에서 금주법이 완전히 사라진 것은 1966년에 와서였다). 그는 이어 대공황을 극복할 방안으로 뉴딜정책을 제시했다. 후버댐 건설과 같은 공공건설 부문에 정부 예산을 투입해 일자리를 늘려 실업률을 낮추고 경제를 활성화시키는 방안이었다. 정부가 돈을 풀어 경제에 숨통을 틔우는 것이다. 여기에 금주법을 폐지해 거둬들인 주류 생산 및 판매에 따른 주류세를 뉴딜 정책의 재원으로 삼았다.

그에 앞서 알 카포네는 1931년 탈세 혐의로 체포됐다. 시카고 경찰은 그에게 매수된 상태였으므로 그를 체포한 사람은 연방 재무부의 수사관 엘리엇 네스Eliot Ness였다. 이후 알 카포네는 8만 달러의 추징금과 함께 11년형을 선고받고 샌프란시스코 연안의 알카트라즈교도소에 수감됐다. 그는 1939년에 병보석으로 출옥한 뒤 마이애미에서 은둔 생활을 하다가 1947년 폐렴으로 사망했다.

하지만 이걸로 끝이 아니었다. 1933년 금주법이 폐지되면서 밀주 판매가 막힌 마피아는 마약 거래에 나서기 시작했다. 금주법이 마약시장이라는 새로운 시궁창을 만든 것이다.

이쯤 되면 법을 집행하는 데 따른 풍선효과를 생각하지 않을 수 없다. 그에 관해 대표적으로 거론되는 예 중 하나가 프랑스혁명 때 공포정치를 폈던 로베스피에르의 '반값 정책'이다. 그는 우유값이 비싸 아이들이 우유를 먹지 못한다는 말을 듣고 강제로 반값으로 인하하도록 했다. 하지만 이 정책으로 적자에 허덕이던 축산 농민들이 낙농업을 포기하는 현상이 벌어졌다. 다시 사료값 때문에 낙농업이 죽어간다는 말을 들은 로베스피에르는 이번엔 건초값을 반으로 내리라고 명령했고, 이는 건초업자들이 생산을 포기하는 일로 이어졌다. 결국 우유 생산이 크게 줄어 거꾸로 가격이 폭등했고 물가 폭등에 화가 난 민중이 로베스피에르를 권좌에서 끌어내기에 이르렀다. '지옥으로 가는 길은 선의로 포장돼 있다'는 말처럼 법이나 정책이란 의도대로만 되는 것은 아니다.

조선인 BC급 전범은 가해자인가

우리나라 역사에서 일본과의 관계를 이야기하는 것은 독립운동사를 제외하고는 상당히 껄끄럽다. 일제강점기를 치부恥部로 여기기 때문에 벌어지는 일이다. 힘이 없던 시절에 남에게 당한 이야기를 자랑스러워할 사람은 없을 것이다.

그중에서도 조선인 전범戰犯 문제는 민감한 사안이다. 우리 입장에서는 역사적 비극이라고밖에 말할 수 없는 조선인 전범의 존재는, 모든 문제가 그렇듯 단선적으로 생각할 수 없는 다층적인 구조를 가지고 있다.

먼저 우리는 조선인 가운데 전범이 있다는 사실부터 인정해야 한다. 전범은 전쟁과 관련된 책임을 져야 하는 범죄자를 뜻하는 용어다. 그런 점에서 일제강점기의 조선인 가운데 전범이 있다고 생각하기는 어렵다. 일제의 압제 아래 수탈당한 나라의 국민이 어떻게 사전적 의미의 '전범'이 될 수 있겠는가.

하지만 엄연히 친일파가 있었듯 일본 정부의 여러 군사적 행위에 자의적이든 타의적이든 협조한 조선인이 있었다는 사실을 생각해보면, 조선인 전범의 존재가 터무니없다고 외면할 일은 아니다. 자발적으로 일본군으로 출전한 조선인 군인도 있었고, 강제로 군에 배속되어 일한 조선인 군무원도 있었다.

대표적인 인물이 홍사익洪思翊 일본 육군 중장이다. 홍사익은 일본 육군사관학교와 육군대학을 나와 일본 정부의 고위직에 올랐다. 그리고 2차 세계대전 패전 이후 필리핀 마닐라 국제군사재판에서 전범으로 사형당했다.

> **자발적으로
전범이 된 사람들**

그는 몰락한 조선 양반 집안 출신이었다. 과거시험을 준비하고 있었으나 구한말에 과거가 폐지되면서 군인이 되기로 결심하고 1909년 대한제국 육군 참위로 임관했다. 하지만 대한제국 군대가 해체되면서 다시 국비 유학생으로 일본에 유학하기에 이른다. 이후 1914년 일본 육군 소위로 임관한 그는 태평양전쟁 당시인 1944년 필리핀 남방총군 사령부 병참감으로 부임하여 연합군 포로수용소장으로서 연합군 포로를 관리, 감독했다. 그가 전범으로 분류된 것은 이때의 경력 탓이다.

그는 일본군에 들어간 뒤로 엘리트 코스를 밟았다. 일본에 충성한 대가였다. 아이러니한 것은 이 모든 과정에서 스스로 조선인이라는 정체성을 잊지 않았다는 점이다. 1931년 만주사변이 터진 후 세워진 일본 괴뢰국인 만주국에 1933년 고문으로 부임했을 때는

* 홍사익이 일본육군대학에 입학했다는 내용의 기사. 《매일신보》, 1920. 12. 16.

만주국에 있던 조선인 사병이 일본군에서 장교 시험을 볼 수 있도록 규정을 고치기도 했다. 또 관동군 등에 지휘관으로 부임할 때마다 그는 일본어와 한국어로 번갈아 취임사를 하면서 자신이 조선인이라는 사실을 밝혔다고 한다. 심지어 일본군 고위직에 있을 당시인 1939년 실시된 창씨개명을 거부하기도 했다. 그렇지만 이로 인해 불이익을 받았다는 기록은 없다.

이런 그를 아는 사람들은 일본이 패전할 것이라는 전망이 나오기 시작하자 일본군에서 탈영하라고 권유했다. 그는 당시 중국 중경에 본부를 두고 있던 광복군으로 오라는 제의도 받았다. 광복군 영입 제의는 광복군 사령관인 지대형(이청천의 본명), 참모장 이범석 등이 했다. 이청천 장군은 홍사익과 일본 유학 동기였다. 그러나 홍사익은 이를 거절했다. "조선인 가운데 고위직에 오른 내가 탈영할 경우 일본군 내에 있는 수많은 조선인이 보복당할까 두렵다"는 이유였다.

전범으로서 법정에서 부하들이 연합군 포로를 가혹하게 다룬 책임을 추궁당했을 때도 그는 변명이나 항변을 하지 않았다. 또 체포된 직후 일본 국적을 포기하라는 제의도 거절했다. 그는 스스로 조선인이자 일본인이라고 생각했던 듯하다.

홍사익의 경우는 일종의 '확신범'이었다. 그는 평소 주변 사람들에게 "조선인이 일본에 협력하면 그에 상응하는 대우를 받는다"고 말했다고 한다. 조선의 독립보다는 '일본과의 공생共生'을 염두에 뒀던 듯하다. 이런 홍사익을 전범으로 분류하는 것을 잘못이라고 할 수는 없다. 그는 일제강점기 조선인으로서 일제의 피해자이자 일본 군인으로서 가해자였기 때문이다.

홍사익이야 그렇다 쳐도 다른 수많은 조선인이 전범으로 분류돼 처형되거나 처벌을 받은 것은 어떻게 봐야 할까. 그들은 미얀마, 싱가포르 등 동남아 전선에 배치된 조선인이었다. 이들은 파죽지세로 밀고 오는 일본군에 항복한 20만여 명의 백인 군인을 수용하는 수용소에서 포로 감시인으로 일했다. 강제로든 자의로든 일본군 혹은 일본군속의 신분으로 참전한 조선인 중 일부가 일본이 패전 이후 져야 할 책임을 떠안고 처벌받았다.

> **시대에 떠밀려 전범이 된 사람들**

태평양전쟁을 일으킨 일본은 조선인이 불령선인不逞鮮人(불만을 품고 아무 일도 하지 않는 조선인)이라는 이유로 전쟁 초기에는 군대에 징집하지 않았다. 안 그래도 일제에 반항적인 이들에게 총을 쥐어주면 무슨 일이 생길지 두려웠기 때문이다. 그러다 전세가 불리해지고 병력이 부족해지자 조선인을 징집하기 시작했다. 육군특별지원병제도(1938년 2월 22일 칙령 95호)에 의해 1938년부터 1943년까지 조선에서 지원병을 받았다. 당시 지원 경쟁률은 1938년 7.3대 1, 1939년 20.1대 1, 1940년 27.8대 1, 1941년 45.1대 1, 1942년 62.4대 1, 1943년 48.1대 1로 점차 높아지는 추세를 보였다. 놀라운 일이 아닐 수 없다. 지원병 숫자는 1944년에 이르러 1만 7600명을 넘었다고 한다. 1944년 실시된 징집제를 통해 징집된 조선인 병사는 19만 1600명가량이었다.

　물론 지원병 모두가 '자발적인 지원'이 아니리라는 것은 쉽게 짐작할 수 있다. 그렇다 해도 당시는 일제강점기가 시작된 지 30년 가까이 흐른 뒤라서 일본의 의식화교육인 '황국신민교육'을 받고 자란 조선 청년 가운데 스스로 일본에 충성하려는 움직임이 없었던 것은 아니었다. 이밖에 2등 국민 취급을 받는 조선반도의 현실에서 탈출하려는 의도로 전쟁 분위기에 편승한 조선인도 있었다고 한다. 이런저런 분위기가 뒤섞여 지원병 경쟁률이 높아졌다고 판단할 수 있다.

　군무원만 보면 일본 후생성 기록에는 당시 조선인 군무원이 15만 5000명에 이르는 것으로 돼 있다. 조선인 군무원 가운데 포로 감시원으로 일한 사람은 3200여 명이었다. 나머지는 토목 작업이나 운전, 탄약 운반 등 노무직으로 일했다. 군무원은 징집 나이를 넘어선 '자발적인' 지원병이 군대에 배속되어 직원으로 일하는 것이 원칙이었다. 일반 직장에서 조선인은 같은 일을 해도 일본인의 절반밖에 월급을 받지 못했지만 군무원이 될 경우에는 일본인과 거의 같은 월급을 받을 수 있었다. 전쟁터에서는 50엔을 받았는데 이 돈은 당시 일본 식품 공장 노동자가 한 달 25일 근무 시 받는 수준과 같았다. 또 일본 병사 월급의 7배 정도였다.

　물론 원칙이 그대로 지켜지지는 않았다. 응하지 않으면 총살한다는 협박을 받고 군무원이 된 경우도 많았다. 식민지 국민은 식민 모국이 시키는 대로 따라야 하는 것이 현실이었다.

그런데 이게 문제가 됐다. 일본이 패전하면서 일본군으로 분류된 조선인도 모두 전범이 된 것이다.

전범은 A, B, C 세 부류로 나뉜다. 이 기준은 범죄의 경중을 구분하는 것이 아니라 범죄의 성격을 구분하는 것이다. 물론 범죄의 성격이 경중으로 연결되기는 한다.

A급은 반평화 범죄Crimes against Peace와 관련된 범죄를 말한다. 국제조약을 위반해 침략전쟁을 기획, 시작, 수행한 경우가 이에 해당한다. B급은 통상적인 전쟁 범죄Conventional War Crimes로, 전쟁법과 전쟁 관습법을 위반해 살인, 포로 학대, 약탈 등을 저지른 경우다. C급은 반인륜 범죄Crimes against Humanity이다. 상급자의 명령에 따라 고문과 살인 등 반인륜적 범죄를 저지른 경우를 뜻한다. 따라서 조선인은 일본 식민지 국민으로서 일종의 하수인에 해당하기 때문에 전쟁을 기획하거나 시작한 부류에 속하지 않고 BC급으로 분류된다.

조선인 군인 및 군속 가운데 BC급 전범으로 분류된 사람은 총 148명이었다. 이 중 23명이 사형을 당했다. 재판은 지역별로 나눠서 이뤄졌다. 예를 들어 인도네시아 자바포로수용소에서 체포된 조선인 포로 감시원 중 전범이 된 사람은 53명이었다. 이 중 박성근 등 4명은 네덜란드령 인도네시아 재판소에서 사형을 선고받고 1947년 1월과 9월에 처형됐다. 이들의 당시 나이는 20~30대였다.

이들이 사형당한 이유는 모두 '포로 학대 혐의' 때문이었다. 당시 재판 기록에 따르면, 포로 감시원으로 일하던 조선인들이 포로들을 잘못 대한 경우가 있었다고 한다. 음식 배급 과정에서 줄을 잘

서지 않거나, 배급량이 적다고 항의하는 포로들을 지나치게 제압했다는 것이다. 리콴유李光耀 전 싱가포르 총리는 자신의 회고록《내가 걸어온 일류국가의 길》에서 한국인에 대한 첫인상이 이로 인해 나빴다고 기술한 바 있다.

"내가 처음 본 한국인들은 일본 군복을 입고 있었다. 그 때문인지 한국에 대한 나의 첫인상은 그렇게 좋은 편이 아니었다. 그 한국인들은 일본군이 싱가포르를 점령할 당시 이끌고 온 두 외인부대 중 하나였으며, 다른 외인부대는 타이완인으로 구성됐었다. 일본군을 돕는 한국인들은 몹시 거칠게 행동했고, 일본인만큼이나 고압적인 태도를 보였다."

게다가 BC급 전범의 분류 기준에는 음식물, 음료수, 의복의 불충분한 지급, 의료적 배려의 결여, 병원에서의 부당한 대우, 금전 및 재물의 절취 등의 항목도 있어서 조선인 군무원들을 엮어 넣기는 어려운 일이 아니었다. 하지만 이 정도를 '학대'라고 말할 수 있는지에 대해서는 수십 년간 이 문제를 집중 취재해온 우쓰미 아이코內海愛子 교수도 의문을 표시한다. 우쓰미 교수는 자신의 저서에 조선인 군무원이 전범으로 분류된 것은 지나쳤다고 쓰기도 했다.

그러나 전승국 입장에서 보면 패전국 소속인 조선인을 어떻게 분류할지가 자명해진다. 형식적으로는 일본군의 명령을 받아 포로들을 부당하게 대우했으니(여전히 논란이 있지만) 가해자로 보일 것이다. 지역별로 치러진 BC급 전범 재판이 주먹구구식이어서 옥석이 제대로 구분되지 않았던 것도 문제였다.

　동시에 조선인 전범들은 식민지 국민으로서 등 떠밀려 일본을 도울 수밖에 없었던 피해자라고 볼 수 있다. 일본에 협력한 것은 어디까지나 나라 잃은 식민지 국민으로서 피할 수 없는 운명과 같은 것이었다는 말이다. 이 점이 '확신범' 홍사익과 달리 나머지 다른 조선인 전범들이 억울하다는 평가를 받을 만한 부분이다. 나라를 잃은 것도 서러운데 식민 모국의 뜻에 따라 일본군의 역할을 대신하다 전범으로 처벌까지 받는다면 단순히 억울한 정도가 아닐 것이다. 당시 싱가포르 창이형무소에서 사형당한 포로 감시원인 김귀호 씨가 유서에 "이것도 운명이라고 생각하고 웃으며 떠납니다"라고 적은 걸 보면 억장이 무너질 대로 무너져 체념의 상태에 이르렀음을 알 수 있다.

> **흑백논리가 위험한 이유**

이들이 모여 1955년에 일본 정부의 사죄와 보상을 요구하는 동진회同進會라는 조선인 전범 출신 모임을 결성한 것도 그런 이유에서다. 포로 감시원으로 동원된 재일 한국인 이학래(2018년 현재 93세) 씨는 종전 후 전범으로 판결받아 20세부터 11년간 구금됐다가 31세인 1956년 석방됐다. 사형은 면했지만 그의 청춘은 날아갔다. 그런데 일본 정부는 '식민지 출신자는 일본 국적을 잃는다'고 규정된 1952년 샌프란시스코 강화조약을 내세워 보상을 거부했다.

지난 1991년에는 조선인 전범으로 분류된 한국인 7명이 "일본 정부와 일본군이 져야 할 전쟁 책임을 대신했다"며 일본 정부를 상대로 소송을 냈으나 일본 법원은 1965년 '대한민국과 일본국 간의 재산 및 청구권에 관한 문제의 해결과 경제협력에 관한 협정'(줄여서 한일청구권협정)에서 한일 간 채무는 없다는 점을 근거로 패소 판결을 내렸다. 일본 정부는 2000년에야 '평화조약 국적이탈자 등인 전몰자 유족 등에 대한 조위금 등의 지급에 관한 법률'을 만들어 생존자에게 400만 엔(약 4000만 원, 사망자와 유족에게는 260만 엔)을 일시금으로 지급했다. 우리나라도 이보다 나을 게 없었다. 이들에 대해 일제 앞잡이라는 인상을 갖고 있어서인지 지난 2006년에야 '강제동원 피해자'로 인정했다. 물론 피해 보상 이야기를 우리 정부가 먼저 꺼내지도 않았다.

이들은 일본을 위해 참전한 배신자이자 친일파인가, 아니면 시대가 낳은 피해자인가. 일본조차 귀찮은 짐짝 취급하는 그들에게 관심조차 두지 않던 우리가 이제 와서 친일파냐 아니냐를 따지는 것은 의미가 없지 않을까. 흑백논리로만 따진다면 목숨을 걸고 일본에 저항한 독립투사를 빼고 식민지 국민으로서 어쩔 수 없이 근근이 살아간 사람도 넓은 의미에서 협력자가 되는 것일까. 일본의 통치에 따랐으니 말이다.

지금에 와서 독립운동에 참여하지 않은 조선인에게 그때 왜 저항하지 않았느냐고 말하는 것은 무책임하다. 빼앗긴 들녘에서 일본인이 먹을 쌀을 생산했다고 평범한 조선인을 단죄하는 등 모든 행동에 친일이냐, 아니냐를 구분 짓는 것에만 빠져서는 곤란하다. 일제강점기 조선인의 삶을 살아보지 않고서 지금의 시각으로만 판단하는 것은 위험하다는 말이다. 당시 외세의 침략을 막지 못하고 자국민을 보호하지 못한 조선에 대한 책임을 묻는 것이 먼저다. 그리고 그때 왜 그래야 했는지, 그래서 지금 그런 일이 다시 일어나지 않게 하려면 우리는 무엇을 해야 하는지를 따져봐야 한다. 죄인에 대한 단죄는 그 이후에 자연스럽게 따라올 절차다.

법치주의와 민주주의는 동의어인가

흔히 '법보다 주먹이 가깝다'는 말로 중세 사회, 전근대 사회의 폐해를 요약해 말한다. 법이 지배하는 사회가 아닌 곳에서는 무력과 힘이 사회를 지배한다. 이런 사회에서는 원칙도 없고, 그저 힘 있는 쪽의 논리에 따라 상황 판단이 달라진다. 법이란 그런 점에서 국민 혹은 사회 구성원의 보편적 안위와 사회 질서를 유지하기 위한 수단이라고 할 수 있다. 주로 힘없는 구성원을 보호하기 위한 제도적 장치이기도 하다. 그래서 사회가 공통적으로 인정하고 받아들이는 질서를 명문화한 법에 의해 통치되는 사회를 우리는 발전된 사회로 인식한다.

그런 의미에서 우리는 법이 지배하는 사회를 민주사회와 동일시한다. 법은 힘없는 다수를 힘있는 소수가 좌지우지하지 못하게 막고 사회 질서를 유지시켜줄 도구이기 때문이다. 문제는 이 논리를 현실에 대입해보면 혼선이 오는 경우가 생긴다는 점이다.

예를 들어 북한의 공식 명칭은 조선민주주의인민공화국Democratic People's Republic of Korea이다. 봉건 시대 왕조처럼 권력을 세습하면서 인민의 생활이 피폐해지는 걸 방치하고 있다는 지적을 받는 나라인데, 이름에는 '민주주의' '공화국'이라고 명기하고 있다. 일당 독재국가로 간주되는 라오스는 정식 명칭은 라오인민민주주의공화국(Lao People's Democratic Republic)이다. 북한식 민주주의나 라오스식 민주주의가 우리가 아는 민주주의와 같은 의미인지는 의문이 들지만, 그들은 나름대로 자국 법에 의해 국가를 통치하고 있다. 우리가 보기에 형식적이라고는 해도 투표 제도 등 절차적 민주주의의 모양을 갖추고 있다. 두 국가를 보면서 우리는 한 가지 문제의식을 갖지 않을 수 없다. 그것은 사전적 의미의 '법치주의', 즉 법대로 하는 것이 민주주의와 동의어인가의 문제다.

이 질문에 답하려면 법치주의에 대한 관점, 법철학적 접근 방식을 좀 더 벼릴 필요가 있다. 박은정 서울대학교 법학대학원 교수는 《왜 법의 지배인가》라는 책에서 "최근 우리 사회에서 법의 지배는 민주주의와 충돌하는 관계에 있는 것처럼 비치고 있다"고 말했다. 독재 정권이 국민에게 질서를 강조하고 준법의식을 강요하는 것이 시민의 자유와 권리를 막는 역할을 했으며, 법치주의가 독재 정권을 유지하는 수단으로 비쳐졌다는 것이다. 법치주의가 민주주의의 정당성을 약화시키는 이데올로기로 인식되던 시절이 있었다니, 무슨 말일까.

박은정 교수의 말은 독재 정권 시절에 법이 민중이나 정치적 반대 세력을 억압하기 위해 부당하게 사용된 도구로 받아들여졌다는 뜻이다. 그래서 민주 세력은 독재 정권이 말하는 법치주의를 권력 유지를 위한 이데올로기로 받아들인다고 설명한다. 그들은 악법은 거부해야 한다면서 불복종운동을 벌였다. 때문에 민주 세력이 집권하면 독재 정권이 만들어놓은 여러 악법들을 개정하려고 든다. 국가를 운영하면서 법이 없어서는 안 되니까 그렇다.

그렇다면 민주 세력이 만든 법은 모든 국민의 이해에 부합하고 국민에게 받아들여질까. 만약 그 법에 반대하는 사람이 있다면, 비민주 세력이 되는 것일까. 앞에서 볼셰비키와 멘셰비키의 사례에서 드러났듯 어느 정권이든 자신의 기반 세력을 유지하기 위한 수단으로 법을 활용해왔다. 이런 관점에서 보면 '법치주의'는 쓰는 쪽의 이해관계에 따라 여러 의미로 해석될 수 있다는 말이 된다. 법이라는 제도의 의미나 역할이 바뀌지 않았음에도 그걸 운용하는 주체에 따라 누군가를 위한 도구가 된다는 말이다. 이 때문에 법치주의가 때로는 민주주의와 동의어로 쓰일 때가 있고, 아닐 때도 있는 것이다.

이런 혼선을 피하려면 법치주의에 대한 정의부터 다시 내릴 필요가 있다. 단순히 법대로 하는 것을 법치주의라고 할 것이 아니라, 법이 어떻게 운용되어야 하는지에 관한 일정한 가치관까지 포함해야 한다는 뜻이다. 이에 관해 박은정 교수는 법의 지배란 정치 권력에 제한을 가하는 방향으로 발전한 것이 역사적 흐름이라고 했다. '누가 감독자를 감독할 것인가'라는 것이 진정한 법치주의를 정의할 때 나와야 할 필연적인 질문이라는 것이다. 유시민 작가도 이에 동의한다. 그는 《국가란 무엇인가》라는 책에서 이렇게 말했다.

"법치주의는 통치받는 자가 아니라 통치하는 자를 구속한다. 권력자가 아무리 선한 의도나 악한 의도를 가지고 있다 할지라도 헌법과 법률이 그에게 위임한 권한의 범위를 넘어서, 헌법과 법률이 정한 방법의 한계를 넘어서 그 의도를 실현하기 위한 권력 행사를 하지 말라는 것, 이것이 바로 법치주의다."

또 민주주의 정치제도의 목적은 훌륭한 사람을 권력자로 선출하여 많은 선을 행하도록 하는 것이 아니라 최악의 인물이 권력을 장악하더라도 나쁜 짓을 많이 저지르지 못하도록 막는 것이라고 했다.

오스트리아 법학자 켈젠Hans Kelsen은 "민주주의 원리를 '국민에 의한'으로만 이해하지 않고 '국민을 위한'이라는 것까지 표방할 때 가치판단에 이데올로기가 개입하면서 민주주의 왜곡이 생긴다"고 말했다. 그 왜곡에서 독재도 민주주의라는 착각이 나온다는 것이다. 박은정 교수, 유시민 작가, 켈젠이 모두 법치주의는 권력에 대한 견제의 수단이라고 말하는 이유다. 이런 기준을 적용해야만 독재국가나 나치가 말하는 법치주의가 민주주의와 동의어가 될 수 없다.

Part 4 인문 사고 3

관찰은 착상을 낳는다

Part 4 인문 사고 3

관찰은 항상 옳은가

역사를 움직이다

생각의 전환을 위한 중요한 방법론 중 하나가 관찰이다. 영국 해군의 탐사 항해에 우연히 합류한 다윈이 갈라파고스(스페인어로 '거북이'라는 뜻)섬에서 서로 다른 부리를 가진 13종 이상의 핀치finch 새 무리를 유심히 관찰하지 않았다면 그의 진화론은 탄생하지 않았을지도 모른다. 나이팅게일이 크림전쟁에 간호사로 참전했을 때 전사자의 주된 사망 원인이 전투가 아니라 비위생적인 군인 막사 환경 때문이라는 것을 관찰과 통계로 짚어냄으로써 전황戰況을 뒤바꿔놓은 것도 같은 원리다. 좋은 관찰자는 보통 사람과 다르게 생각한다. 일반인이 지나친 것도 자세히 관찰하기 때문이다. 덕분에 그들은 일반인과 생각하는 방식이 다르다. 일반인이 보지 못하거나 무시한 점에 주목하는 사람들은 그런 이유로 혁신을 이뤄낼 수 있었다.

관찰을 통해 새로운 사실을 발견할 때 필요한 한 가지 전제조건은 사전 지식을 갖춰야 한다는 점이다. 유홍준 전 문화재청장이 《나의 문화유산답사기》에서 "아는 만큼 보인다"고 말한 것과 같은 맥락이다. 본다고 해서 모두에게 보이는 것이 아니라는 말이다. 누군가는 한 가지 현상에서 전체를 읽어내고, 누군가는 그 한 가지 현상에 매몰돼 큰 그림을 보지 못한다. 이 중 숲 전체를 볼 수 있는 사람을 가리켜 '통찰력insight'을 가진 사람이라고 말한다. 두 부류의 사람을 가르는 것은 그 현상에 대해 얼마만큼 깊은 지식이 있느냐다.

통찰력을 갖는 과정은 의문으로 시작해서 관찰을 거치는 방식으로 이뤄진다. 현 상황에 의문을 갖는 사람은 관찰로 새로운 사실과 현상을 발견해낸다. 이런 노력이 그 상황을 타개할 새로운 돌파구를 제시할 수 있게 해준다. 기존의 현상에서 의문점을 발견해내는 것, 집요한 관찰로 새로운 단서를 발견하는 행위들이 쌓이면서 새로운 가설과 그 가설을 증명하려는 시도도 이루어진다. 인류의 역사, 이성의 발전 과정이 이와 같았고, 그런 부류에 앙드레 지드와 같은 사람이 포함돼 있다. 앙드레 지드는 '이상적 국가'로 여기던 소련의 실상을 '목격'한 뒤 자신의 이념이었던 공산주의를 버렸다.

지드의 예에서 알 수 있듯이 관찰은 새로운 상황을 만들어낼 수 있는 중요한 포인트다. 제임스 쿡 선장은 항해 도중 선원들의 식사에 주목해 괴혈병을 퇴치했다. 캐리어는 아침 안개를 보고 에어컨의 원리를 떠올렸으며, 에라토스테네스는 정오의 해시계를 유심히 관찰해 지구의 둘레를 구할 수 있었다. 이들의 관찰 덕분에 우리는 그때보다 조금 더 나은 세상에서 살고 있다. 단순히 보는 행위를 넘어선 '관찰'이 우리 인류사에 얼마나 많은 변화를 일으켰는지 자세히 알아보자.

지식인은
둥지를 틀지 않는다

프랑스 작가 앙드레 지드Andre Gide는 원래 감성적이고, 종교적인 글을 쓰는 감수성 풍부한 작가였다. 대표작 《좁은 문》은 종교 윤리와 그 정당성에 대해 의문을 품은 지드의 초기 작품이다. 그는 이후 《배덕자背德者》《전원교향악》 등의 작품을 통해 미학과 종교적 경건함에 관해 미려한 문장과 플롯을 뽐내 작가로서의 명성을 쌓았다.

이처럼 정치와 별로 상관없이 살던 그가 말년에 공산주의에 경도됐다. 20세기 초반 대공황으로 허덕이는 자본주의 국가와 세계적인 위기를 틈타 대두한 파시즘 국가들을 본 후였다(그럼에도 그가 프랑스 공산당에 입당한 적은 없다). 결정적인 계기는 프랑스령 아프리카 식민지를 돌아본 것이었다. 아프리카를 좋아했던 그는 이미 신혼여행을 포함해 10여 차례 아프리카 여행을 다녀왔었다. 프로테스탄트 가정에서 커서 종교적 엄격함에 알게 모르게 억압받아왔던 지드는 자연 그대로의 모습을 간직한 아프리카에서 해방감을 느꼈을지도 모른다. 여행 후 종교보다는 인간 본성에 관한 감상 위주의 글을 많이 쓴 것도 그래서였을 것이다.

그런데 1925~1926년 콩고, 중앙아프리카공화국, 차드, 카메룬 등지를 조카와 함께 돌아보면서 그간 보지 못했던 것이 그의 눈에 들어왔다. 프랑스령 아프리카 식민지 원주민의 비참한 삶이었다. 지드는 큰 충격에 빠졌다.

백인은 식민지 국가의 흑인을 상대로 비즈니스를 하면서 이득을 얻는 것을 당연시했다(모든 식민지 모국이 그랬듯이). 그리고 흑인은 백인에게 '짐승 같은' 취급을 받았다. 지드는 흑인이 저임금을 받으면서 고무를 채취하기 위해 장기간 집을 떠나서 강제노동을 해야 하고, 백인이 아파서 쓰러진 흑인을 죽도록 내버려두는 현장을 고발했다. 그들의 가축을 헐값에 강탈하는 프랑스 관리에 대한 비판도 잊지 않았다.

이런 내용을 담은 책이 1926년에 출간된 《콩고 여행 Voyage au Congo》이다. 그는 이 책을 쓰면서 공산주의로 자신의 이념을 정했다. 그때 그의 나이 56세였다.

"공산주의에 대한 나의 신념은 종교에 대한 신념과 비슷하다. 그것은 인류 구원의 약속이다. 그 약속을 성공시키기 위해서라면 나는 주저 없이 내 생명을 버릴 것이다. (My faith in communism is like my faith in religion: it is a promise of salvation for mankind. If I have to lay my life down that it may succeed, I would do so without hesitation.)"

> ## 지드, 이상국가 소련을 가다

당시는 1917년 러시아혁명이 이뤄진 지 10년이 채 지나기 전이었다. 유럽의 지식인 사이에서는 파시즘과 제국주의에 맞설 대안이 사회주의라는 의식이 팽배해지고 있던 시절이었다. 그들은 러시아혁명으로 왕정과 구체제를 타파한 소련이 지구상에서 지상낙원을 실현해줄 수 있는 유일한 이상국가라고 생각했다. 1935년 앙드레 지드도 마찬가지였다. 그는 소련작가회의에 보낸 메시지에 다음과 같이 말했다.

"각 국가나 민족이 조만간 다 걸어가야 할 역사의 대로에서 소련은 영광스러운 선도 역할을 하고 있습니다. 소련은 오늘날 우리가 꿈에 그리기는 했어도 감히 희망할 수 없었던 신사회의 표본을 보여주고 있습니다. 지성의 영역에 있어서 소련이 좋은 표본을 보여주는 것이 극히 중요합니다. 공산주의 이상은 공산주의의 적이 즐겨 주장하는 바와 같이 개미지옥 같은 유토피아가 아님을 소련은 우리에게 보여줄 의무가 있습니다."

하지만 예나 지금이나 지식인은 대체로 '이상理想'을 좇는 경향이 있어서 현실감은 뒤떨어지는 경우가 많다. 그 당시 유럽 지식인들도 그랬다. 지금 우리는 당시 소련 사회가 이념만 발달했지, 인간다운 삶의 측면에서 얼마나 불완전하고 독재적이었는지를 알고 있다. 하지만 당시는 소련의 정보 통제로 이런 사실이 외부에 알려지지 않았다. 지식인이라고 해도 소련의 실상을 알 방법이 없었고 이런저런 통로로 알았다 하더라도 '그럴 리 없다'고 부인하는 것이 일반적이었다. 결국 실상을 알려면 실제로 보는 것밖에는 없었다. 그리고 우연한 기회에 지드가 소련을 방문했다가 그 실상을 목격했다.

지드는 1936년 6월 17일 소설《어머니》로 유명한 작가 막심 고리키Maxim Gorky가 위독하다는 소식을 듣고 소련으로 향했다. 고리키는 병사했고, 그가 사망한 뒤 모스크바의 붉은 광장에서 장례식이 열렸다. 지드는 조사弔詞를 낭독했다. 여기까지는 별다른 문제가 없었다.

영결식이 끝나자 지드는 자연스레 이상국가의 현재 상황을 직접 눈으로 보고 싶어졌다. 모처럼 좋은 기회를 맞은 그는 소련작가동맹 소속 주요 인사들의 극진한 접대와 안내를 받으며 소련 각지를 여행했다. 그는 레닌그라드(지금의 상트페테르부르크)에서 10일간 머문 것을 포함해 총 한 달간 소련을 둘러보았다. 지드의 인생을 뒤바꾸기에 한 달은 결코 짧지 않았다. 그는 한 달 동안 '독수리의 눈'으로 소련 사회를 탐색했다.

> **자신의 잘못을 인정하고 고치는 용기**

그해 10월 프랑스로 돌아온 지드는 잡지 〈N.R.F〉에 〈소련에서 돌아오다 Retour de L'URSS〉라는 제목으로 소련 방문기를 발표했다. 지금까지 공산주의를 옹호하던 논조와는 정반대의 내용이었다.

출처 : Multimedia Art Museum, Moscow

* 1920년대 후반 소련 농민들의 모습.

지드에 따르면 지식인들 사이에서 이상국가로 여겨지던 소련은 생산 부족에 시달리고 있었다. 공장에서 생산되는 제품은 폐기되는 것이 더 많을 정도로 품질이 떨어졌고, 자동차도 고물차에 가까웠다. 오디오나 음반 역시 불량품으로 넘쳐났다. 지드는 이것이 소련의 쇠퇴를 입증한다고 썼다. 게다가 노동자의 천국이라는 말과 달리 노동자 숙소는 열악했고 노동자의 복지는 뒷전이었다고 고발했다. 주택은 더러웠으며 탁아소는 부족했고 약국이나 출산을 돕는 병원에는 인력이 모자랐다. 지드는 "내가 소련을 비판하는 이유는 소련 당국이 열악한 상태에 놓인 노동자의 형편을 부러워할 만한 것으로 포장해 세계를 속이기 때문"이라고 밝혔다. 그간 알고 있던 소련의 모습과 전혀 다른 실상에 엄청난 충격과 배신감을 느꼈을 법하다.

그가 소련에서 본 것 중 가장 비판했던 부분은 바로 사회적 불평등이었다. 대중의 빈곤이 특권층의 사치와 극명하게 대비되면서 '부르주아적 본능'이 되살아나고 있다고 생각한 것이다. 소련은 그런 불평등을 퇴치하고자 혁명을 일으킨 것이 아니었던가. 지드는 정권이 시키는 대로 인민이 따라가는 순응주의도 문제라고 봤다. "소련이 지금 진행하고 있는 개성의 말살, 이 획일성을 진보라고 말할 수 있을까?"라고 지적했다. 그는 1936년 9월 3일자 일기에 "엄청나고 끔찍한 정신적 혼란"이라고 적었다. 또 "매일 아침 《프라우다 Pravda》는 사람들이 알고 생각하고 믿는 데 알맞다고 여기는 것만을 민중에게 알려준다. 그리고 그 가르침의 범위를 벗어나는 것은 위험하다. 소련에서는 한 사람과 대화를 하는 것이 전체 국민과 이야기하는 것과 같다는 착각을 일으킨다. 누구나 똑같은 답변을 한다. 예외가 없다"는 말도 했다.

지드는 시대가 달라졌는데도 러시아의 옛 제도인 전제정과 농노제가 새로운 형태로 여전히 존재하고 있다고 보았다. "나는 오늘날 그 어느 나라에서, 심지어 히틀러의 독일에서조차 인간 정신이 이렇게까지 부자유스럽고 짓눌리고 공포에 떨면서 종속되고 있을까 하는 의문을 가졌다"고 한탄했다. 소련이 스탈린주의와 전제주의를 통해 혁명의 이상을 배반했다고 주장했다. 노동자의 빈곤, 임금 격차, 특권의 부활, 비밀리에 이뤄지고 있는 계급제도와 소비에트의 소멸 등 소련의 민낯을 목도한 것이다.

지드가 처음부터 소련 사회를 의심의 눈초리로 관찰한 것은 아니었다. 소련에서 직접 본 실상이 그의 신념을 의심하게 만든 것이다. 그가 여타의 지식인과 달랐던 것은 보고 싶은 것만 보는 자세가 아니라 그야말로 객관적인 자세로 관찰했다는 점이다. 나아가 그는 그것을 바탕으로 기존의 믿음을 과감히 버렸다. 그는 자신이 몰랐던 새로운 장면을 마주했을 때 이를 거부하지 않고 받아들이는 용기와 자신감을 갖고 있었던 것이다.

이 기고문은 책으로 출간된 뒤 초판 발행 3개월 만에 150판 중판이라는 놀라운 실적을 거뒀다. 그러자 1936년 12월 3일, 소련 공산당의 기관지인 《프라우다》가 지드를 공격하는 반박문을 실었다. 프랑스 내 지식인도 합세해 소련을 옹호하는 목소리를 높였다. 소설 《장 크리스토프》로 노벨문학상을 받은 로맹 롤랑Romain Rolland도 지드를 비판하는 데 동참했다. 작가 장 게노Jean Guéhenno는 심지어 "모스크바가 우리의 동지이며 세계의 중심인 이상 그들을 실망시키거나 비방하는 어떠한 글도 써서는 안 된다"고까지 말했다.

지드는 이런 비판에 굴복하지 않았다. 그러나 한때 자신과 같은 입장에 섰던 사람들이 일제히 자신을 공격하고 나서자 허탈한 마음을 감추지 못했다. 특히 정신적 동지로서 지드의 《콩고 기행》을 극찬했던 로맹 롤랑이 소련 방문기에 대해서는 비판적인 입장을 내놓자 지드는 자신의 심정을 이렇게 표현했다.

"한때의 독수리가 마침내 둥지를 틀었네."

이 말은 독수리(지식인)는 둥지를 틀어 한곳에 안주하지 말아야 한다는 의미이다. 지식인, 지성인은 어떤 한 이념이나 사상에 경도되더라도 그 안에 안주하지 않고 끊임없이 회의함으로써 정신적 균형감을 가져야 한다. 지식의 절대성을 부정하고, 진실을 추구하는 존재여야 한다. 그러기 위해서는 끊임없는 성찰을 통해 합리적이고 이성적인 판단을 할 수 있는 객관성을 유지해야 한다는 것이다.

지드는 자신의 주장을 뒷받침하는 자료와 증언들을 보강해 1937년 6월 소련 방문기의 수정판을 출간했다. 그가 비판하는 것은 소련이 아니고 소련의 지도자들이라면서 스탈린 비판에 초점을 맞췄다. 그는 인류가 가장 중요한 요소이며, 인류의 운명과 문화를 잊어서는 안 된다고 강조했다. 지드로서는 당시 프랑스 지식인 사회와 타협을 했다고도 할 수 있다.

그래도 수정판을 읽은 프랑스 좌파 사회는 지드를 공격하는 태도를 버리지 않았다. 소련이 가는 길이 옳은 만큼 그 과정에서 다소 문제가 있더라도 소련을 비판해서는 안 된다는 장 게노의 목소리가 오히려 힘을 얻었다. 진영 논리에 갇혀 우리 편의 작은 잘못은 눈감아줘야 한다는 식의 논리가 프랑스 지식인들의 이성을 가렸다.

> 원하는 모습이 아닌 사실 그대로를 보다

논쟁의 결과를 이미 알고 있는 우리로서는 지드를 제외한 다른 사회주의적 좌파 지식인들을 쉽게 비판할 수 있다. 소비에트연방이 폐지되고 다시 러시아라는 이름으로 돌아오는 과정에서 사회주의를 폐기한 것을 우리는 알고 있기 때문이다. 하지만 이것은 수십 년이 지난 후의 일이다. 지금의 관점과 논리로 그때의 프랑스 지식인을 비판하는 것은 의미가 없다. 여기서 우리가 관심을 가져야 할 것은, 그때 그들이 잘못을 저지른 원인을 밝혀내고 어떻게 하면 답습하지 않을까다. 어떻게 하면 지드와 같은 통찰력을 가질 수 있는가, 가치 있는 일이라고 생각한 일을 위해 자신의 기존 입장과 논리를 버리고 그에 대해 주변에서 비판받더라도 꿋꿋할 수 있는가다. 그런 용기와 배짱은 그야말로 믿고 싶은 것만 믿으려는 자신의 고집과 아집, 주위의 시선에서 벗어나는 데서 나온다. 그는 소련 방문기에서 이렇게 말했다.

"사물을 보는 데 중요한 것은, 그 사물이 이러했으면 하고 원하는 대로의 모습으로서가 아니라 사물을 있는 그대로 보는 일이다."

더욱 중요한 것은 자신이 본 것을 실천하는 일이다. 좋은 관찰자란 단순히 관찰하는 것에서 한걸음 나아가, 관찰한 것을 받아들이고 행동을 바꿀 수 있는 자세를 가진 이다. 그들이야말로 자신뿐 아니라 사회에 혁신과 변화를 일으킬 수 있다. 물론 쉬운 일은 아니다. 지동설을 주장하던 갈릴레오 Galileo Galilei가 종교재판에서 처벌받을 것이 두려워 입장을 번복하고 법정에서 나오며 "그래도 지구는 돈다"고 말했다는 일화만 보아도 신념을 지키는 것이 얼마나 어려운지를 알 수 있다.

제임스 쿡
선장이 살린 선원들

대항해 시대 때 한 가지 질병이 선원들의 목숨을 위협했다. 대항해 시대란 15~17세기 유럽과 중국 등 여러 나라가 군함을 앞세워 세계 곳곳을 탐험하면서 현지 물자를 자국으로 도입하던 때다. 유럽에서만 200만 명이 숨질 정도로 장기長期 항해에서 선원들을 두려움에 떨게 한 이 질병은 바로 '괴혈병壞血病, scurvy'#25이었다. 괴혈병을 앓은 선원에 대한 기록은 1741년 남극반도 북쪽의 르메르해협을 운항하던 리차드 워커가 남긴 글 〈1740~1744년 세계일주 항해 연감A Voyage Round the World, in the Years 1740-44〉에 등장한다.

> "북쪽으로 올라오면 기세가 수그러들 것이라는 희망을 가지고 있었는데, 5월에 목숨을 잃은 사람이 4월보다 곱절 가까이 되었다. 그리고 우리는 6월 중순에나 상륙할 수 있었기 때문에 희생자는 계속해서 늘어났고, 200명 이상이 죽은 뒤에는 앞 돛대 당번으로 근무 능력 있는 사람을 6명밖에 배치할 수 없었다.

모든 장기 항해에는 빠짐없이 발생하는 데다가 우리 배에 특별히 참혹한 결과를 가져온 이 병은 인간의 몸에 일어나는 모든 질병 가운데 가장 특이하고 이해하기 어려운 것임에 틀림없다. (…) 전신의 피부에 변색된 큼직한 반점이 나타나는 것, 다리가 붓는 것, 잇몸이 허물어지는 것, 그리고 무엇보다 온몸에 피로감을 느끼는 것이 있다. 조금이라도 운동을 하면 심한 피로감을 느끼는데, 이것이 심해지면 조금만 힘을 쓰거나 심지어 몸을 움직이기만 해도 정신을 잃을 정도에 이른다."

비타민 C가 부족하면 발생하는 괴혈병은 일반적인 식단을 유지할 수 있는 육지에서는 발병할 일이 별로 없어서 세상에 잘 알려지지 않았다. 그러다 신선한 야채와 같은 음식을 섭취하기 어려운 선원들 사이에 환자가 속출하면서 이를 치료하는 것이 국가적 어젠다가 됐다. 선원이 항해 중 죽어서 숫자가 줄어들면 장기 항해도 어려워지기 때문이었다. 물론 당시에는 비타민의 존재도 몰랐고, 음식에 든 영양소가 어떤 역할을 하는지도 모르던 시절이라 이 병은 원인 불명의 괴질로 여겨졌다.

> 관찰과 실험으로 찾은 괴혈병 치료법

하지만 몇몇 사람들은 과일과 야채가 괴혈병 예방에 뭔가 도움을 준다는 짐작을 이미 하고 있었다. 1536년 프랑스 탐험가 카르티에Jacques Cartier는 캐나다 탐험 중 겨울

동안 괴혈병을 앓던 대원들이 인디언이 준 '신비한' 물을 마시고 낫는 것을 보았다. 인디언이 준 것은 솔잎을 우려낸 물이었다. 솔잎에는 비타민 C를 비롯한 유익한 물질이 많이 들어 있다. 중국과 우리나라에서는 아주 오래전부터 마셨던 차다.

또 오스트리아 군의관 크라머는 군대에서 사병이 주로 괴혈병에 걸리고, 장교는 걸리지 않는다는 사실을 발견했다. 왜 그런지를 알아내기 위해 꾸준히 지켜보던 그는 사병과 장교의 식단이 서로 다르다는 것을 알아차린다. 빵과 콩밖에 먹지 않는 사병들과 달리 장교는 과일이나 야채도 먹었던 것이다. 크라머는 관찰 결과를 보고서로 썼지만 별다른 관심을 끌지 못했고 곧 잊히고 말았다. 앞서 다른 발견들도 음식물과 연관을 짓지 못한 탓에 후세에까지 치료법이 전해지지 않았다.

돌파구를 마련한 사람은 영국 해군 군의관 린드James Lind였다. 크라머의 보고서를 읽은 그는 잇몸에서 피가 나며 사망하는 괴혈병이 레몬이나 라임과 같은 음식을 섭취하면 예방할 수 있다는 것을 입증하기 위해 실험에 돌입했다.

1747년 린드는 괴혈병에 걸린 선원을 2명씩 6그룹으로 나눠 모두 같은 음식을 먹게 했다. 다만 첫 번째 그룹에게는 매일 사과주스를 마시게 했고, 두 번째 그룹에게는 25방울의 묽게 한 황산용액을 마시게 했다. 세 번째 그룹에게는 6스푼의 식초를, 네 번째 그룹에게는 반 잔의 바닷물을 마시게 했다. 다섯 번째 그룹에게는 오렌지 2개와 레몬 1개를 주었고, 여섯 번째 그룹에게는 마늘, 후추 씨,

말린 무 등이 든 잼과 보리차를 먹게 했다. 이후 과일이 거의 동날 때쯤인 6일 뒤 오렌지를 받았던 다섯 번째 그룹의 2명은 거의 완치된 것을 확인했다. 물론 비타민 C가 결합조직을 구성하는 콜라겐 생성을 도와 질병을 예방한다는 것은 알지 못했다. 린드는 괴혈병이 여러 복합적 이유로 발생하는데 주원인이 소화불량, 장내 부패, 더러운 물, 과도한 노동 등이라고 봤다.

그는 이런 실험 내용을 담아 1753년 《괴혈병 치료 A treatise of the scurvy》라는 책을 발간했다. 하지만 의학계는 이를 거들떠보지도 않았다. 12명만을 대상으로 한 실험 결과를 믿기 어려웠고, 린드가 학계에서 그리 유명인사가 아니었기 때문이다. 린드 자신조차 치료 과정이나 원인을 제대로 설명할 수 있을 정도의 확신이 없었기 때문에 린드의 연구는 곧 잊혀졌다. 대신 린드는 괴혈병을 치료하는 전문 병원의 원장으로 실험을 전제로 한 치료를 계속했다. 그때 사람들은 왜 오렌지와 레몬이 치료제 역할을 하는지 이해하지 못했기 때문에 값싼 맥아를 대안으로 사용하기 시작했다. 영국 해군성도 이를 받아들여 수병에게 맥아를 적극 권장했다.

> **새로운 지식을 실천하는 힘**

여기서 제임스 쿡 James Cook 선장이 등장한다. 그가 항해사 航海史에 영원히 이름을 남긴 것은 항해로 엄청난 지리적 발견을 해서가 아니다. 바로 괴혈병 치료법을 입증했기 때문이다.

1768년 금성 관측 임무[#26]를 맡아 인데버 HMS Endeavour호의 총책임자로서 96명의 선원과 함께 태평양 타히티섬으로 갔을 때 쿡 선장은 배에 색다른 음식을 실었다.

10년 전인 1758년 대서양 항해 때 26명의 선원이 괴혈병으로 죽는 것을 본 경험이 있었던 그였다. 당시 일반 선원은 항해 중에 대체로 소금에 절인 쇠고기나 돼지고기, 맥주, 비스킷, 치즈 등을 먹었다. 반면 간부급 선원은 자기 음식을 따로 선적할 수 있어서 좀 더 다양한 음식을 먹었다. 쿡 선장은 간부급 선원이 일반 선원보다 괴혈병에 잘 걸리지 않는 점에 주목했다. 간부급 선원은 균형 잡힌 식단으로 식사를 한 것이 영향을 줬다고 생각했다. 그는 린드의 연구 내용을 무시하지 않는 신중한 사람이었다. 그리고 영국 해군성의 지침도 잊지 않았다. 그의 관찰력이 빛을 발하는 순간이었다.

그의 결론은 청결, 신선한 공기와 음식이 괴혈병을 막아준다는 것이었다. 그는 선원들에게 매일 의무적으로 목욕을 하게 했다. 침낭과 옷도 깨끗이 세탁하고 잘 말려서 사용하게 했다. 배에는 소금에 절인 양배추 요리인 사우어크라우트sauerkraut와 홍당무, 맥아, 양파 같은 식량을 많이 실었다. 정박하는 섬마다 먹을 수 있는 풀을 찾아 선원들에게 제공하기도 했다.

가장 곤란한 점은 기존 관습에 젖어 식단 바꾸기를 거부하는 선원들의 태도였다. 할 수 없이 그는 채소를 먹지 않는 선원들을 채찍으로 때리는 벌칙을 만들기도 했다. 그래도 저항이 심하자 한 가지 꾀를 냈다.

쿡은 식사 시간에 자신과 간부들에게만 사우어크라우트를 배

출처 : 영국국립해양박물관

출처 : Archives New Zealand

* 너새니얼 댄스(Nathaniel Dance)가 그린 캡틴 제임스 쿡의 초상화(위)와 괴혈병에서 선원을 지켜낸 1차 대항해 당시의 인데버호의 모습(아래).

급하고 일반 선원에게는 원하는 사람만 주도록 했다. 그러자 일반 선원이 거꾸로 항의하기 시작했다. 왜 차별하느냐는 것이었다. 쿡 선장은 자신의 항해일지에 "상관들이 사우어크라우트를 감사히 받는 모습을 보여주자 일주일도 지나지 않아 자신들에게도 나눠달라는 목소리가 거절하기 힘들 정도로 높아졌다"고 적었다.

이렇게 해도 1차 대항해 때는 32명의 사망자가 발생했다. 이들은 대체로 풍토병과 말라리아 같은 병에 걸렸다. 하지만 남극대륙을 탐사하기 위한 2차 대항해 때(1772~1775)는 괴혈병 증상을 보이는 선원이 있었으나 사망하는 일은 없었다. 두 척의 배에 200명의 선원이 3년 18일간 항해했음에도 그랬다. 영국 정부도 그의 처방이 괴혈병 치료법임을 인정해 그에게 왕립학회의 최고 영예인 코플리Copley 메달을 수여했다. '캡틴Captain'이라는 명예로운 호칭을 붙여준 것도 그의 공로를 인정한다는 의미다.[27] 영국 해군이 그의 식단을 받아들여 수병에게 제공했음은 물론이다.

쿡 선장은 원래 가난한 농가에서 태어나 초등교육까지만 받았다. 석탄을 운반하는 상선의 견습공으로 일하면서 항해에 눈을 떴다. 8년 동안 북해를 오가며 항해술을 익힌 그는 갑판장 직위까지 올랐다가 일반 수병으로 해군에 입대했다. 해군에서 그는 뛰어난 관찰력과 항해술로 여러 업적을 쌓기 시작했다. 영국 공병대에서 배운 지형 측량술을 응용해서 지금까지와는 다른 해도海圖를 만들었다. 이를 이용해 캐나다 등지의 해역을 측량하고, 일식 현상을 관측하는 등의 업적을 이루어 명성을 높였다. 이런 공로가 인정돼 쿡 선장은 해군 대위로 승진했다.

쿡 선장의 위대함은 탐험의 전형을 바꾸어놓았다는 데 있다. 태평양에 있는 수많은 섬의 위치와 명칭을 결정했고 태평양 지도도 만들었다. 그러면서도 그는 탐험지에서 결코 다른 정복자처럼 현지인에게 유럽 문화를 강요하거나, 현지의 문화를 파괴하지 않았다. 오히려 겸손한 태도로 현지인의 생각과 문화를 받아들였다. 그리고 자신이 관찰한 모든 것을 꼼꼼하게 일지에 적어 모두에게 알렸다 (그가 쓴 《인데버호 항해일지》는 유네스코 세계기록유산으로 등재돼 있다). 그런 노력이 다른 사람들에게 그의 방식에 대한 믿음을 주었다. 그런 그였으니 비타민의 존재를 알기 전에 괴혈병을 정복할 수 있는 길을 열 수 있었던 것이다.

#25 'scurvy'는 원래 노르웨이어다. 8~11세기 바이킹이 해적질로 유럽을 괴롭힐 때 그들 역시 장기 항해로 인한 질병으로 고통을 겪어서 괴혈병이라는 말이 생겼다.

#26 핼리혜성을 발견한 영국의 천문학자 에드먼드 핼리(Edmund Halley)가 금성을 관측하면 지구와 태양 간의 거리를 측정할 수 있다는 것을 알아낸 데 따른 조치였다. 멀리 떨어진 두 곳에서 관측하면 지구와 태양과의 거리를 정확히 잴 수 있다고 생각한 것이다.

#27 이름 앞에 캡틴이라는 호칭이 붙은 영국인은 수중호흡기를 개발한 자크 이브 쿠스토(Jacques-Yves Cousteau)와 제임스 쿡 선장 두 사람뿐이다.

작은 발견도 놓치지 말라

"신은 디테일에 있다(God is in the details)."

건축 분야의 모더니즘 사조인 미니멀리즘을 추구해 20세기 최고의 건축가로 불리는 독일 건축가 루트비히 미스 반 데어 로에Ludwig Mis van der Rohe가 한 말이다. 작은 것을 소홀히하지 않고 새로운 출발점으로 삼는 자세야말로 진정한 혁신을 일으키는 원동력이라는 뜻이다. 위대한 발명이나 발견도 작은 것으로부터 시작한다. 작은 것을 볼 수 있는 능력은 주의력에서 나온다. 주의력이 뛰어나다면 더 큰 것도 볼 수 있다.

> **안개를 관찰해 에어컨을 발명하다**

인류의 역사에서 작은 발견이 가져온 큰 혁신의 예로 빼놓을 수 없는 것이 바로 에어컨이다. 에어컨 덕분에 대도

시가 형성됐다는 학설까지 나올 정도이니 에어컨이 인류의 삶을 크게 바꿔놓았음은 분명하다.

모든 발견이 그렇듯 에어컨의 발명에도 '우연'이 작동했다. 때는 1902년 7월 17일, 발명자는 미국인 윌리스 캐리어Willis Haviland Carrier였다. 우리에게도 익숙한 에어컨 브랜드인 캐리어는 그의 이름을 딴 것이다. 수재였던 캐리어는 1901년 코넬대학교에서 기계공학 석사학위를 받은 후 25세에 뉴욕주의 버펄로포지컴퍼니라는 기계설비회사에 입사했다. 이 회사는 증기기관, 주물, 난방기, 흡진기 등을 생산하던 업체였다. 그는 원래 제너럴일렉트릭GE에 입사할 계획이었다가 코넬대 졸업생이 세운 버펄로포지컴퍼니의 스카우트를 받고 입사했다.

그즈음 회사에 출판사이자 인쇄소인 새킷빌헬름Sackett-Wilhelms으로부터 공기 중 습도를 낮추는 기계를 만들어달라는 의뢰가 들어왔다. 의뢰를 받은 사람은 캐리어의 동료였지만 곧 주급 10달러짜리 '신입사원' 캐리어가 맡았다(캐리어는 신입이었으나 난방 도구를 개발한 공로로 실험개발팀장을 맡고 있었다). 강과 바다를 끼고 있는 맨해튼 인근은 습도가 매우 높았다. 종이와 인쇄는 습도에 영향을 크게 받는다. 습도가 높으면 종이의 수분함유량이 높아져 팽창하고, 종이가 축축해지기 때문에 기름 성분의 잉크가 물에 반발해 종이에 잘 묻지 않는다. 물과 기름이 서로 섞이지 않고 겉도는 것을 연상하면 된다. 반면 습도가 너무 낮으면 종이가 수축해서 잉크가 종이에 묻는 상태가 들쭉날쭉해진다. 인쇄 품질을 일정하게 안정시키려면 낮은 습도를 일정하게 유지하는 것이 생명인 셈이다.

새킷빌헬름은 당시 공화당 성향의 정치풍자로 인기가 높았던 컬러 잡지 〈저지Judge〉를 찍어내던 곳이었다. 그런데 1902년 7월 무더위가 찾아오자 잡지 표지를 인쇄하는 데 쓰는 컬러 잉크가 종이에 잘 묻지 않는 현상이 발생했다. 이에 출판사가 캐리어의 회사에 해결 방법을 요청한 것이다.

캐리어는 기계공학 전공자답게 해결책을 고안해냈다. 당시는 벽난로에 직접 불을 지펴 실내를 덥히거나 혹은 스팀을 이용해 난방을 하던 때였다. 뜨거운 증기를 파이프로 순환시켜서 파이프에 전달된 열이 물체를 데우거나 실내 공기를 따뜻하게 하는 방식이다. 캐리어는 이를 반대로 차가운 물을 순환시키면 냉방도 가능하지 않을까 생각했다. 오늘날의 냉풍기처럼 얼음이나 눈을 넣어둔 박스에 바람을 불어 넣으면 찬바람이 나오는 것과 같은 원리이다.

이런 생각에 도달하는 데는 그의 관찰력이 결정적인 역할을 했다. 어느 날 이른 아침 외출한 캐리어는 피츠버그 기차역 플랫폼에 서 있는 동안 안개를 보았다. 흔하게 접하던 안개가 그날따라 달리 보인 것은 며칠 동안 출판사의 의뢰를 해결할 방책을 골똘히 생각하고 있었기 때문일 것이다. 화학적으로 안개는 물이 포화된 공기라는 데 생각이 미친 캐리어는 한 가지 가설을 세웠다. 실내 습도를 100퍼센트라고 가정할 때(공간에 물이 가득 찼다는 뜻이 아니라 공기 중 수증기량이 현재 온도의 포화수증기량과 같다는 의미다) 그 안에 건조한 공기를 집어넣어 습도를 조절한다는 것이다. 실제로 건조한 공기가 얼마나 있느냐에 따라 내부 습도는 달라진다.

그는 선풍기로 온도와 습도, 공기의 순환과 환기를 통제할 수 있다는 사실을 확인하고 초기 형태의 에어컨을 만들었다. 박스 안의 파이프에 냉수를 통과시키면 박스 안의 온도가 상대적으로 높기 때문에 공기 중의 습기를 빼앗아 파이프에 이슬이 맺히고 동시에 박스 내 공기 온도는 낮아진다. 이때 차가워진 공기를 선풍기로 박스 밖으로 불어내면 박스 밖에서 찬바람을 쐴 수 있다.

캐리어는 이 장치를 이용해 습도를 낮추어달라는 출판사의 요청을 충족시킬 수 있음을 확인했다. 중요한 것은 그 다음이었다. 캐리어는 이 장치가 작동된 후 공장 내 사람들이 인쇄기 옆으로 몰려와 점심을 먹는 모습을 봤다. 그는 이로써 습도를 낮추면 실내 온도도 낮아진다는 점을 깨닫고 온도를 조절하는 정교한 장치를 설계하기 시작했다. 그의 평소 신조는 "잡은 것은 모두 먹을 수 있는 것이어야 한다. 그렇지 않으면 잡으려는 시도조차 하지 않겠다. 나는 먹을 수 있는 물고기를 낚을 뿐이며, 유용한 데이터를 실험할 뿐이다"였다. 에어컨 역시 이런 실용 정신에 따라 만들어졌다.

첫 성과는 1907년에 나왔다. 출판사 요청으로 만들었던 집채만 한 에어컨은 세련되고 단순화된 형태로 새로 디자인돼 일본 요코하마의 비단공장으로 수출됐다. 이 밖에 제조 과정에서 습도 조절이 중요한 영화 필름, 담배, 제과, 비누 제조 등의 여러 산업에 이 기술이 적용됐다.

물을 분사하는 방식으로 공기의 습도와 온도를 조절하는 장치가 있었지만, 현대적 의미의 에어컨의 개념을 정립한 사람은 캐리어였다. 그에 따르면 에어컨은 4가지 기능을 갖추고 있어야 한다. 온도 조절, 습도 조절, 공기의 순환과 배출, 공기 정화가 그것이다.

그는 이 기술로 '이슬점 격차 일정의 법칙The law of constant dew point depression'[#28]을 만들었고 1914년 특허를 취득했다. 이어 1915년에는 회사 동료 6명과 함께 자신의 이름을 딴 캐리어주식회사를 설립했다. 이때까지는 에어컨이 그저 산업기술 정도로만 인식되고 있었다. 일반 대중에게 에어컨이 알려지기 시작한 것은 1925년 로스앤젤레스의 한 영화관에 에어컨이 설치되면서부터였다(앞서 1917년 시카고의 영화관에도 설치됐지만 별반 주목을 받지 못했다).

가장 필요한 곳에 필요한 것을

당시 미국 영화산업은 막 태동하는 시기여서 영화관에 사람들을 오게 하는 것이 문제였다. 더운 날씨에는 사람들이 어둡고 좁은 공간에 들어가려고 하지 않았기 때문이다. 영화관 안은 밀폐된 공간인 데다 사람들의 체온까지 더해져 그야말로 숨쉬기조차 어려웠다. 그래서 영화는 겨울이 성수기라는 말이 있을 정도로 여름철 영화관에는 사람이 많지 않았다.

영화관에 에어컨을 설치하고 싶었던 캐리어는 파라마운트픽처스 사장이었던 아돌프 주커Adolph Zukor에게 제안했다. 마침 맨해튼 타임스퀘어에 파라마운트픽처스의 새 영화관 리볼리Rivoli가 1925년 메모리얼 데이(한국의 현충일과 비슷한 성격의 미국 국경일)에 개관할 예정이었다. 캐리어의 제안을 수락한 영화관 측은 개관에 앞서 '시원한 안락함cool comfort'을 주는 기계가 영화관에 들어왔다고 홍보했다. 덕분에 관객이 줄을 섰고 흥행에 성공하는 듯했다. 현장에는 아돌프 주커도 참석했다.

그러나 영화가 시작할 즈음 캐리어 기술진은 에어컨을 작동하는 데 애를 먹었다. 전기 흐름에 문제가 있었는지 에어컨이 제대로 돌아가지 않았다. 영화가 시작한 후에야 가까스로 에어컨이 가동됐다. 사람들은 처음엔 부채를 열심히 부쳐대다가 서서히 멈추기 시작했다. 주커는 스크린이 아닌 관객과 에어컨만 쳐다보고 있었다. 그날의 풍경을 캐리어는 이렇게 회고했다.

주커는 발코니에 자리를 잡았다. 캘리포니아에서 여기까지 날아온 것이었다. 에어컨이 켜지기 전에 극장 문이 열렸다. 사람들이 쏟아져 들어와 자리를 메우고 뒤까지 가득 찼다. 예상 밖이었고 우리는 걱정스러워지기 시작했다. 2000개의 작은 선풍기 날개가 돌아갈 때 우리는 걱정에 휩싸였다. 우리는 주커가 스크린 대신 관람객과 선풍기 날개를 쳐다보고 있다는 것을 알았다.

극장 안의 온도를 낮추는 데는 시간이 걸렸지만, 그러나 점차 에어컨의 효과가 나타나면서 습관적으로 부채질을 하는 사람들을 빼고는 대부분의 사람들이 부채질을 멈추기 시작했다. 그리고 나서 우리는 로비로 나가 주커가 아래층으로 내려오기를 기다렸다. 그는 우리를 보자, 우리가 어떻게 생각하는지를 묻기도 전에 먼저

* 1925년 개관한 리볼리 극장은 에어컨을 이용해 극장을 홍보했다.

이렇게 말했다.

"좋아, 사람들이 이걸 좋아하게 될 거야."

이후 5년 동안 캐리어는 미국 전역에서 300곳이 넘는 영화관에 에어컨을 설치할 수 있었다. 에어컨을 설치한 영화관에는 관람객이 넘쳐났고, 미국 영화산업은 중흥기에 접어들었다. 그것만이 아니었다. 이후 미국인은 극장 외에도 백화점, 호텔, 사무실에서 쾌적하게 쇼핑과 업무를 볼 수 있었다. 당시는 에어컨이 너무 크고 비싸서 가정으로 들어가기에는 어려움이 있었다. 가정용 소형 에어컨이 만들어진 것은 1950년대 초였다.

이어 본격적으로 가정에 에어컨이 설치된 것은 1950년대 중반에 들어서였다. 1955년 건설업자 윌리엄 레빗William Levitt이 주택에 에어컨을 기본 물품으로 설치하면서 급속히 확산됐다. 이후 5년간 한 해 100만 대 이상 미국 가정에 에어컨이 설치됐다. 덕분에 미국의 영아 사망률은 1929~1959년 2.5퍼센트였으나 1960년대 이후에는 0.5퍼센트 이하로 80퍼센트나 감소했다.

이제 미국인은 더운 남부에서도 얼마든지 살 수 있게 되었다. 선벨트sun belt(미국 남부 15개주 지역)는 북부에서 이주해 온 사람들로 붐비기 시작했다. 지금은 남부 지역에 미국 인구의 40퍼센트가 살고 있다. 덕분에 공화당 일변도였던 남부 사람들의 투표 성향도 바뀌어 민주당 표가 늘어나기 시작했다. 또 사막 한가운데 있는 라스베이거스는 에어컨이 없었다면 생기지도 못했을 것이다.

미국만이 아니었다. 싱가포르가 번성하는 데는 에어컨이 큰 역할을 했다. 더운 지방인데도 사람들이 지치지 않고 오래 일할 수 있었기 때문이다. 이를 두고 리콴유 전 싱가포르 총리는 에어컨을 두고 "인류 최대의 발명품"이라고 말하기도 했다. 적도 인근에 있는 여러 도시가 메가시티가 될 수 있었던 것 역시 에어컨 덕분이라고 할 수 있다.

마샤 애커만Marsha Ackermann은 저서 《안락함-에어컨이 가져온 미국의 낭만Comfort: America's Romance with Air-Conditioning》에서 에어컨이 건물을 사방이 막힌 공간으로 만드는 역할을 했다고 평했다. 이는 자동차, 텔레비전과 마찬가지로 사람들을 개인 공간 속에 고립시키는 결과를 낳았다는 것이다. 사람들은 실내로 들어가 상호 접촉을 피했으며, 마당과 현관을 두꺼운 문으로 막아 실내를 밀폐된 공간으로 바꿔놓았다는 것이다.

캐리어의 에어컨은 여러 기술과 지식이 합작해 만들어진 작품이다. 에어컨이 하나의 제품으로 탄생하기까지 있었던 작은 발견과 아이디어의 역할을 무시해서는 안 된다. 이처럼 한 분야를 꾸준히 관찰하고 파고들어 작은 발견조차 놓치지 않은 사람들을 우리는 '장인master'이라고 한다. 그리고 이들에 의해 우리는 발전된 기술과 문명의 혜택을 누려왔다. 아무런 측정 도구도 없었던 고대에 지구 둘레를 측정해낸 그리스인 역시 그런 장인에 속한다.

> **해시계로 측정한
> 지구 둘레**

지리학자이자 수학자인 에라토스테네스는 그리스 아테네에서 교육받은 후 이집트의 알렉산드리아도서관에서 수석 사서(관장에 해당)로 일했다. 당시 도서관은 책을 보관하고 빌려줄 뿐만 아니라 학자들이 연구하고 토론하는 장소였다. 따라서 수석 사서라는 말은 그가 당대 최고의 학자였다는 뜻이기도 하다. 과학, 철학, 문학 등의 분야에서 최고가 된 에라토스테네스는 지리학에서 세운 업적으로 후세에 이름을 남겼다. 그가 이룬 업적은 '지구의 둘레'를 측정한 것이었다.

때는 기원전 200년, 에라토스테네스는 도서관에 있는 파피루스로 된 책에서 다음의 구절을 발견했다.

"시에네 지방, 나일강의 첫 급류 가까운 곳에서는 6월 21일 정오에 수직으로 꽂은 막대기가 그림자를 드리우지 않는다. 1년 중 낮이 가장 긴 하짓날에는 한낮에 가까이 갈수록 사원의 기둥들이 드리우는 그림자가 점점 짧아졌고 정오가 되면 아예 없어졌으며 그때 깊은 우물의 수면 위로 태양이 비춰 보인다."

그는 시에네(현재 아스완)의 우물 안에 그림자가 생기지 않는 것은 하지 정오에 태양빛이 우물과 수직으로 비추기 때문이라고 생각했다.

또한 에라토스테네스는 자신이 머물고 있는 알렉산드리아에서는 같은 시간에 그림자가 어떻게 생기는지를 관찰했다. 이어 땅 위에 수직으로 세운 막대기(해시계로 사용하는 막대기였다)에 7.2도 각도의 그림자가 생기는 것을 관찰했다. 두 지역 간의 이런 차이는 땅이 곡선으로 휘어져 있어야 설명할 수 있는 현상이었다. 그는 두 현상 사이의 연관성을 따지기 시작했다. 이를 통해 그가 세운 가설은 이렇다.

'태양빛은 평행광선이고, 지구는 둥근 형태다.'

평행하는 두 직선이 하나의 직선과 만났을 때 생기는 같은 위치의 끼인각(동위각)은 같다는 사실과 원의 각도가 360도라는 것은 당시에도 알려져 있었다. 그는 360도를 7.2도로 나누어 50분의 1이라는 계산 결과를 얻었다.

이어 에라토스테네스는 상인과 연락병을 시켜 걸음걸이로 알렉산드리아와 시에네 사이의 거리를 측정한 결과 5000스타디아(스타디온[27]의 복수형. 1스타디온은 185~200미터)라고 측정했다. 이로써 알렉산드리아와 시에네 사이의 거리인 5000스타디아가 지구 둘레 길이의 50분의 1에 해당한다고 추론했다. 즉, 5000스타디아에 50을 곱한 25만 스타디아(4만 6000~5만 킬로미터)가 지구의 둘레라는 것이다. 오늘날 측정한 약 4만 킬로미터보다는 1만 킬로미터가 길지만 아리스토텔레스나 아르키메데스가 측정했던 40만 스타디아보다는 훨씬 가까운 수치. 그리고 에라토스테네스의 계산이 정확치 않았던

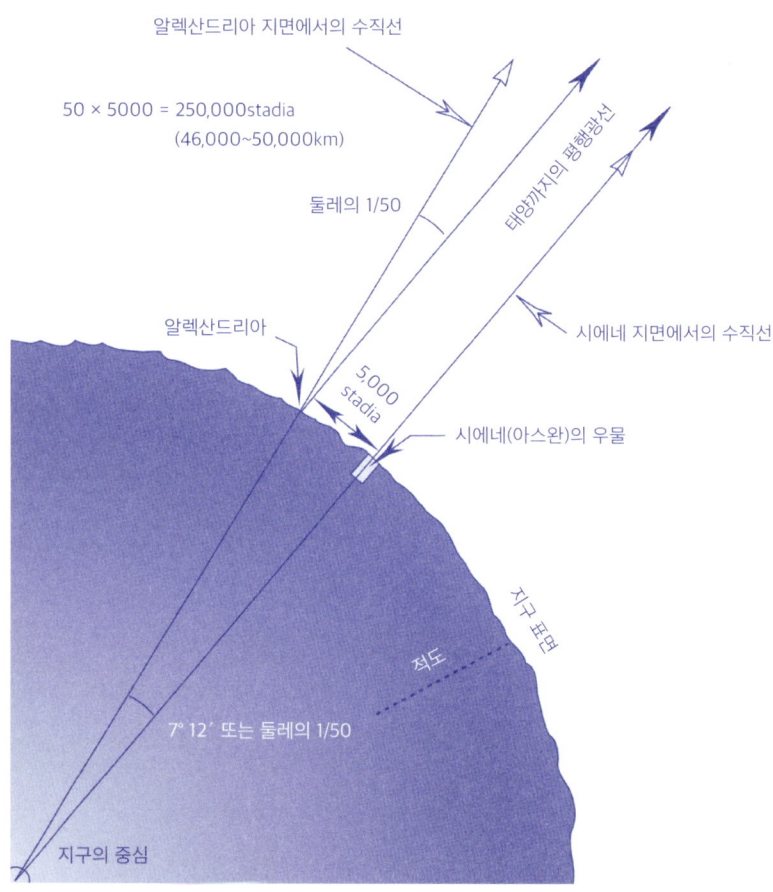

✽ 에라토스테네스가 지구의 둘레를 측정한 방법.

이유는 두 지역이 같은 경도 위에 있지 않았고 지구가 완전히 둥근 형태가 아니기 때문이다.

지구에 경도와 위도를 표시하고 열대와 온대, 한대를 구분 지은 사람도 에라토스테네스였다. 그는 지구를 두 개의 극과 하나의 적도를 가진 구라고 생각했다고 한다. 그래서 온대와 한대는 2개, 열대는 하나를 지도에 그려 넣었다.

이념이 관찰의 우위에 선 암흑 시대

에라토스테네스 이야기를 보면서 주목해야 할 것은 그의 뛰어난 관찰력만이 아니다. 당시에 관찰한 것을 토대로 과학의 원리를 적용해 실증하려는 분위기가 조성돼 있었음을 간과해서는 안 된다.

그리스인도 원래는 지구가 반구 모양으로 평평한 땅을 돔처럼 하늘이 둘러싸고 있다고 생각했다. 그들이 지구가 평평하지 않다는 것을 안 것은 기원전 4세기 정도가 되어서였다. 당시 사람들은 천체를 관측한 결과를 합리적으로 설명하기 위해 노력했다. 이 과정에서 에라토스테네스의 연구도 나온 것이다.

과학 수준은 중세 시대에 들어서자 거꾸로 후퇴했다. 5세기 로마제국이 망한 때부터 15세기 르네상스 시대까지의 1000년, 혹은 그중에서도 로마가톨릭교회가 지배하던 시절을 다른 말로 암흑 시대 The Dark Age 라고 부른다. 영국 경제사학자 마이클 포스탠 Michael Moissey Postan 은 저서 《왜 중세에 과학이 후퇴하였는가 Why was Science Backward in the

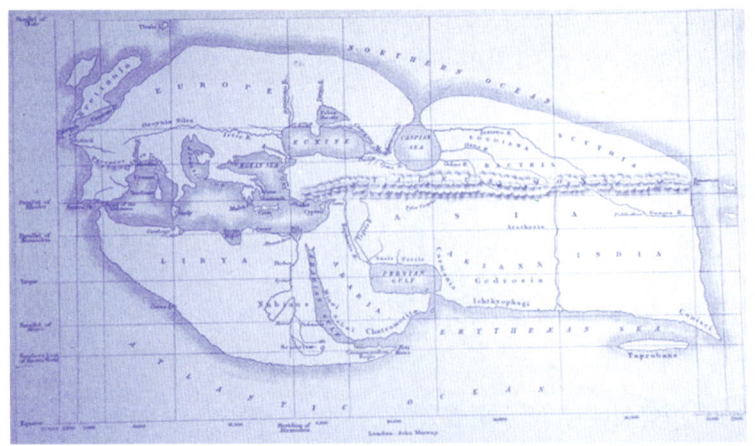

✱ 1883년 번버리(Bunbury E. H.)에 의해 에라토스테네스가 구상한 세계를 재구성한 지도.

Middle Ages?》에서 그 이유를 중세는 "믿음의 시대the age of faith여서 과학적 사유를 선호하지 않았기 때문"이라고 설명했다.

과학이 발전하려면 지적 호기심이 왕성해야 하는데, 중세 때는 오히려 이를 억누르는 분위기였다. 자연법칙조차 기독교 교리로 설명하려고 했고, 반론을 제기하면 악마로 몰렸다. 또 포스탠은 과학 지식을 탐구하는 분위기가 아니어서 기술 발전도 없었고 경제적 발전도 없었다고 분석했다. 더욱이 중세는 농업 사회여서 새로운 기술의 발전을 일궈내기도 어려웠다.

이렇게 종교적 관점이 세상을 지배하기 시작하면서 천문 관측 결과는 무시되기 시작했다. 관찰이 아닌 이념으로 우주 체계를 설정했으니 실제 천체 현상과 맞지 않았고, 이를 일치시키기 위해서는 기존의 도형을 수정해야 했다. 그 잘못된 관점을 수식으로 체계화시킨, 즉 억지로 꿰맞춘 사람이 2세기부터 존재했다. 그는 바로 프톨레마이오스Klaudios Ptolemaios였다. 그의 천동설은 남의 수학적 계산을 표절했다는 의혹을 받고 있지만, 학문적으로 천동설을 완성하려 애쓴 점만은 인정해야 한다. 그의 논리 체계를 보고 감탄한 당시 아랍인은 그의 저작을 '위대한 책'이라는 뜻의 '알마게스트Almagest'라고 부르기도 했다.

그의 주장은 세상을 관장하는 조물주가 지구를 탄생시키고 지구에 우주의 중심이라는 지위를 부여했다는 종교적 관점과 딱 맞아떨어졌다. 그의 천동설이 하느님 중심의 세계관을 뒷받침하는 이론적 도구로 쓰이면서 과학은 뒷전이 됐고 혹세무민하는 세상이 됐다. 그의 주장이 깨지는 데는 1543년 니콜라우스 코페르니쿠스 Nicolaus Copernicus가 천동설에 의문을 품고 지동설을 제기할 때까지 무려 1300년이나 걸렸다.

프톨레마이오스가 천동설을 완성할 때 추론이나 상상만을 사용한 것은 아니었다. 그 역시 천문 관측을 했고 비록 남의 것을 베끼기는 했으나 수학적 도식을 활용했다. 다만 에라토스테네스와 달랐던 것은 자신의 믿음을 입증하기 위해 이론으로 설명되지 않는 현상을 꿰맞추는 방식으로 해결하려고 했다는 점이다. 지구를 우주의 중심에 둘 경우 설명하지 못하는 현상이 발생한다. 지구에서 볼 때 별의 위치가 바뀌는 현상과 지구와 가장 가까운 금성의 모양이 변형되는 현상이다. 이는 지구가 태양을 중심으로 공전하기 때문에 발생하는 것이지만 프톨레마이오스는 엉뚱한 이론을 만들어내는 방식으로 이에 대응했다.

코페르니쿠스가 16세기에 이르러 지동설을 내놓을 수 있었던 것은 바로 프톨레마이오스의 천동설에 허점이 있다고 생각한 결과였다. 코페르니쿠스는 자신의 관찰을 믿었고, 그 관찰 결과를 입증하기 위해 노력했다. 아이러니하게도 지동설의 탄생에 천동설이 기여한 셈이다. 에라토스테네스 시대의 사람들이 관찰 결과를 올바르게 해석하다 중세의 암흑기를 거쳐 정상으로 돌아오는 데는 오랜 시간이 걸렸다. 지성이 성숙해가는 과정은 이렇게 험난하고 복잡하다.

#28 습도가 낮으면 대기 온도와 이슬점 온도 간의 격차가 커져서 결로(結露) 발생률이 낮아진다.

#29 그리스 사람들은 1스타디온의 거리를 두고 경기를 벌였으며 경기가 벌어진 경기장을 스타디온이라고 불렀다. 경기장을 뜻하는 영어 스타디움(stadium)이 여기서 유래됐다.

'행복했던 과거'란 현실도피의 수단일까

성경 《창세기》에 무드셀라Methuselah라는 인물이 등장한다. 노아의 방주로 알려진 노아의 할아버지로, 성경에서 가장 오래 살다가 969세로 죽었다고 돼 있다. 그는 나이 들면서 과거에 대한 좋은 기억만 떠올리고, 좋았던 과거로 돌아가고 싶어 했다.

여기서 무드셀라 증후군이라는 심리학 용어가 유래했다. 무드셀라 증후군은 좋은 기억 위주로 회상하면서 좋지 않은 기억을 빨리 잊어버리려고 하는 퇴행성 심리 상태를 가리키는 용어다. 이는 힘든 상황에 닥쳤을 때 과거의 좋은 기억으로 현실을 회피하려는 일종의 기억 왜곡을 동반한 도피 심리다. 무드셀라 증후군의 가장 큰 동인動因은 '보고 싶은 것만 보려는' 자세다. 과거에 아름다운 일만 있던 것은 아닐 텐데도 선택적으로 기억을 끄집어내서 왜곡하는 것이다. '그때가 좋았지'라는 심리 상태는 힘들고 어려웠던 과거는 기억하고 싶지 않다는 무의식의 결과다. 고통스러운 과거를 떠올리지 않는 것은 일종의 자기방어라고도 할 수 있다. 자기최면과 같은 방식으로 현재의 괴로움을 잊고 싶어 하는 것이다.

반면 정반대의 연구 결과도 있다. 2011년 제이콥 율Jacob Juhl 영국 사우스햄튼대학교 심리학과 교수는 공동 연구를 통해 과거에 대한 향수가 현재를 더욱 윤택하게 한다는 주장을 내놓았다.[#30] 율 교수팀은 357명의 실험 대상자에게 네덜란드에서 매년 크리스마스 즈음에 방송되는 인기 음악 프로그램 〈Top 2000〉을 보여줬다. 그리고 설문지를 통해 가장 좋아하는 노래 2곡을 떠올리게 했고, 이 노래 중 어느 것이 향수에 젖게 하는지와 얼마나 사랑스러움을 느끼게 하는지를 각각 적게 했다. 이후 둘 중 어느 쪽이 더 삶이 가치 있다고 느끼게 하는지를 물었다. 결과적으로 노래를 들으며 더욱 향수에 젖는 사람들이 삶이 살 가치가 있는 것이라는 생각을 더 많이 하는 것으로 나타났다. 과거의 좋은 기억들이 현재를 사는 원동력이 될 수 있음을 보여주는 결과다.

그렇다면 우리는 현실을 직시하고 살아야 할까, 아니면 정서적 안정을 위해 과거의 좋은 기억만 떠올리며 현실을 다소 비켜가는 것이 좋을까.

▲ #30 〈과거는 현재를 의미 있게 한다(The Past Makes the Present Meaningful: Nostalgia as an Existential Resource)〉라는 논문은 〈개인사회심리학저널〉에 실렸다. 그는 이 논문 외에도 긍정적으로 과거를 회상하는 것이 현재와 미래에 더욱 긍정적 결과를 가져온다는 논문을 썼다.

Part 5

들병이 사내에 사고법

Part 5

이 시대에 한 알의 사과를

시대에 따라 사회가 요구하는 사고 태도는 달라지기 마련이다.
한 시대에서 다른 시대로 넘어가는 과정은 사고방식이 달라지는
과정과 궤를 같이 한다. 여기서 다시 한 번 고정된 사고를
버려야 하는 이유를 이해할 수 있을 것이다.
예를 들어 오늘날은 상부의 명령에 절대복종하는 것이
최고의 가치였던 시대를 지나 창의성을 요구하는 시대다.
지금 생각하면 당연히 복종보다 창의성이 먼저라고 말하겠지만
복종이 중시됐을 때는 그 나름의 이유가 있었다.
사회질서가 덜 잡혀 정보유통이 원활하지 않고 각종 제도가
체계화되지 못한 상태에서는 복종이 훨씬 효율적이었던 것이다.
그러나 지금의 상황만을 생각해 창의성보다 복종을
중시 여겨야 했던 그때를 비판하기만 한다면,
역사로부터 배울 것은 없다. 과거에는 어떤 기준으로
논리가 만들어져서 사물을 판단했는지를 생각하지 않으면
역사 속 잘못을 되풀이할 뿐이다. 역사를 공부하는 것은
그때의 기준이 지금도 적용될 수 있는지,
잘못됐다면 지금 어떻게 고쳐야 하는지를 알기 위해서다.
이것이 온고이지신 溫故而知新이 성립하는 과정이다.
이번 장에서 예로 든 사례 중 하나가 앞서 설명한
복종과 창의성 간의 상관관계를 짚어준다. 미국 건국 초기에
복종히는 인물의 대명사로 여겨졌던 '로완 중위'의 일화가 보여주는
미덕을 지금 우리가 어떻게 받아들여야 하는지를 생각해본다.
복종하는 자세가 이제 구시대의 유물이라면

지금 우리에게 필요한 사고 태도는 무엇일까.
이 책에서 제시하는 것은 '정찰병 정신'이다.
관찰의 중요성은 앞의 장에서도 언급했지만 더 나아가
정찰병이 가진 미덕이 왜 현 시대에 유용한지를 살펴보겠다.
이를 통해 앞으로 우리에게 필요한 삶의 태도를 가늠해볼 수 있다.

창의성의
의미도 시대에 따라 변화한다

과거에는 '상명하복上命下服(위의 지시에 아래서는 복종한다)'이 진리였다. 위에서 시키는 대로 하지 않고 지시에 이의를 제기하거나 행동을 지연하는 것을 죄악으로 여겼다. 상부의 지시에 절대 복종하는 것은 산업화 시대에 빠른 일처리와 시간 절약을 통해 생산성(성과)을 높일 수 있는 효과적인 방편이었다. 오랫동안 일사불란一絲不亂, 만장일치 같은 개념들이 최고로 여겨졌던 것 역시 같은 이유에서였다.

그 시절에는 누군가가(주로 윗사람 혹은 독재자) 하나의 답을 정해주면 거기에 모든 사람이 자신의 행동, 생각, 태도를 끼워 맞췄다. 지침이 세워지면 오로지 그 길을 향해 달려가야 했다. 거기서 튀는 행동과 생각을 하면 왕따가 됐다. 그 시대 사람의 사고방식이 획일적이고, 수동적인 것은 당연하다.

이런 사정은 미국도 마찬가지였다. 미국 저널리스트 엘버트 허버드Elbert Hubbard[31]가 1899년에 낸 《가르시아 장군에게 보내는 편지》라는 책을 보면 과거의 가치관이 어땠는지를 알 수 있다. 이 글의 주요 내용은 다음과 같다.

> **충직함과 창의성이 동의어였을 때**
1898년 쿠바 영유권을 둘러싸고 스페인과 전쟁을 벌이던 당시 미국의 이야기다.[#32] 그때 쿠바는 스페인의 식민지였다. 쿠바 인근에 정박해 있던 미군 함선 한 척이 스페인 군함의 공격을 받아 폭파되면서(스페인은 공격하지 않았다고 부인했지만 미국은 원인 불명의 사고를 스페인의 소행이라고 몰아갔다) 인명 피해가 발생하자 미국은 스페인에 선전포고를 하고 전쟁에 돌입했다. 미국이 스페인과 싸워 이기기 위해서는 쿠바에 내부 반란이 필요하다고 판단했다. 그래서 쿠바의 반군 지도자인 가르시아 장군의 협력이 필요했다. 문제는 그가 쿠바의 깊은 밀림 속 요새에 머문다는 것만 알 뿐, 그의 정확한 거처를 아는 사람이 미국에 없다는 점이었다. 급히 협조 요청 편지를 가르시아 장군에게 전해야 하는 상황을 맞은 미국 수뇌부. 누가 가야 하나를 놓고 머리를 싸매던 그때 매킨리William McKinley 대통령에게 아서 와그너Arthur L. Wagner 대령이 말했다.

"편지를 전할 수 있는 사람은 로완 중위뿐입니다."

출두 명령을 받고 백악관에 들어와 대통령의 편지를 받아든 41세의 로완 중위는 임무를 듣고 어떻게 해야 하는지에 대해서 아무것도 묻지 않았다. 앤드류 서머스 로완Andrew Summers Rowan 중위는 스페인전쟁 전에도 라틴아메리카 지역에서 정보 수집 활동을 하면서 특히 쿠바에 흥미를 갖고 책을 저술하기도 했다. 그는 매킨리 대통령의 명을 받고 자메이카를 거쳐 쿠바로 들어갔다. 그는 마에스트라산맥에 은신 중이었던 가르시아 장군을 만나 편지를 전달했고, 정보를 수집한 후 귀국했다.

허버드는 로완 중위가 대통령에게 "그가 어디에 있습니까"라고 묻지 않았다는 점이 중요하다고 강조했다. 허버드는 이와 더불어 회사에서 부하 직원에게 "코레조Antonio Correggio의 생애에 대해 알고 싶은데, 백과사전에서 찾아주겠나"라고 지시했을 때 직원들이 보인 다양한 반응을 열거했다.

"코레조가 누구죠?"

"백과사전은 어디 있죠?"

"급한 일인가요?"

"왜 그 사람의 생애를 찾으시죠?"

허버드는 이런 질문을 던지는 직원과, "예, 알겠습니다"라고 즉시 답하는 직원과의 차이를 주목해야 한다고 주장했다. 이것이 목표를 향해 스스로 길을 찾아 나서는 인물이냐 아니냐의 구분점이라는 것이다. 이 지점에서 충직함과 창의성은 겹친다. 임무를 부여받을 때는 그 임무가 무엇인지 묻지 않더라도 그 임무를 수행하려면 어떻게 해야 하는지 그 방법을 궁리해야 하기 때문이다.

허버드는 로완 중위같은 사람을 찾아내기 위해 인류가 걸어온 여정이 바로 문명文明이라고 정의 내렸다. 어떻게든 가르시아 장군에게 편지를 전달할 수 있는 사람이라면 무엇이든 이루지 못할 것이 없다고 했다. 세상은 어떤 목적을 향해 뒤돌아보지 않고 충직하게 앞으로 돌진하는 유형을 찾고 있다고 덧붙였다. 정주영 현대그룹 회장이 "임자, 해봤어?"라고 물으며 도전 정신을 강조했다는 이야기와 흡사하다.

허버드의 글은 19세기 말 책으로 나와 지금까지 1억 권 이상이 팔렸다고 한다. 산업혁명을 거쳐 제조업 중심으로 산업이 발달해온 시대에서 통용되는 메시지이기 때문일 것이다. 오늘날에는 자기계발서로서 세계적인 베스트셀러가 된 스티븐 코비의 《성공하는 사람들의 7가지 습관》의 속편 《성공하는 사람들의 8번째 습관》에서 이 사례가 인용됐다(스티븐 코비는 자기가 쓴 7가지 원칙을 지키지 못해 파산했다는 말이 있으나 확인되지 않은 루머라는 이야기도 있다).

> **창의성은
질문에서 나온다**

이후 시대는 변했고 다른 사고방식을 요구하고 있다. 우리나라 산업이 섬유산업, 화학산업, 자동차산업을 거쳐 현재 전자 및 부가가치산업으로 발전한 과정을 보면 알 수 있다.

중공업산업이 부흥기였을 때는 일정한 생산 라인에서 모든 라벨과 부품번호를 똑같이 읽고 한 치의 오차도 없이 제품을 조립해야 했다. 그러려면 모든 사람이 라벨을 똑같이 읽을 줄 알아야 했다. 소품종 대량생산 체제에서는 그래야 했다. 그만큼 공장에서 찍어낸 듯한 똑같은 유형의 인재가 필요했다. 교육제도가 암기 위주의 주입식 교육이었던 것도 그런 이유에서였다. 영국의 기든스 교수가 말한 것처럼 이념보다 사람이 '틀에 짜인 방식대로' 모든 것을 하는 사회였다.

하지만 오늘날은 다품종 소량생산 체제가 대세다. 다품종을 만드는 과정에서는 그 많은 품종의 라벨과 성분 요소를 모두가 똑같이 알 필요도 없고 알 수도 없다. 소수의 소비자에게 최적화된 제품을 만들려면 다양한 사고방식이 필요하다. 사람들은 틀에 박힌 매뉴얼대로가 아니라, 매뉴얼을 벗어나는 사고 태도로 일해야 한다. 이러한 변화에 맞춰 최근 강조되는 것이 이스라엘의 '후츠파Chutzpah' 정신이다.

히브리어인 후츠파는 우리말로 '주제넘은, 뻔뻔한, 철면피, 오만함' 등으로 번역될 수 있는데, '도전 정신'이라는 뜻으로 더 널리 쓰이고 있다. 《탈무드》와 함께 이스라엘 민족의 교육법으로 인식되고 있는 독특한 사고방식이다. 이스라엘에서는 후츠파 정신을 키우는 방향으로 아이를 양육한다. 우리 기준으로 보면 무례하거나 뻔뻔하게 키우는 것이지만, 그렇기 때문은 아이들은 '왜'냐고 묻는 것을 부끄럽게 생각하지 않는다. 과감히 질문하고 쉽게 지시를 받아들이거나 복종하지 않는다. 이런 자세는 기업가 정신에 필수적인 요소 중 하나다. 이스라엘이 벤처 창업의 선두주자라고 불리는 이유가 여기 있다.

후츠파 정신의 7가지 요소를 살펴보면 얼마나 파격적인지 알 수 있다. 그 7가지는 형식 타파Informality, 질문할 권리Questioning Authority,

✶ 시키는 일에 대해 의문을 가지고 질문하는 힘이 지금 이 시대가 원하는 창의성의 원천이다.

상상력과 뒤섞임Mash-Up, 위험 감수Risk Taking, 목표 지향성Purpose Driven, 끈질김Tenacity, 실패로부터 교훈 얻기Learning From Failure 등이다. 모두 창업 정신의 바탕이라고 할 만하다. 이 항목들은 이스라엘의 성취를 다룬 책《창업국가》의 저자 사울 싱어가 꼽은 것이다. '중간만 가면 된다' 혹은 '모난 돌이 정 맞는다'는 우리식 사고방식과는 얼마나 다른가.

　　이스라엘 부모는 학교에서 돌아온 아이에게 "오늘은 수업 시간에 어떤 질문을 했니?"라고 묻는다. 그리고 아이가 어떤 질문을 해도 귀찮아하지 않는다. 또 이스라엘의 언어인 히브리어에는 "실례합니다excuse me"와 같은 표현이 없다고 한다. 그냥 훅 치고 들어와 질문을 던지는 것이 일상적이다. 존칭어가 없어서 군대에서도 직위 대신 별명을 부르는 것이 보편화돼 있고, 집에서도 아이가 부모를 부를 때 이름을 부른다. 이런 환경에서 자란 덕분에 유대인은 전 세계 인구의 0.2퍼센트에 불과한데도 노벨상 수상자의 20퍼센트를 차지하는 결과를 낳았다는 것이다.

　　우리나라에서는 CJ그룹이 사내에서 직원의 이름에 '님'만 붙여 부르기 시작한 것이 불과 몇 년 전이다. 이재현 회장에게도 신입사원이 "회장님" 대신 "이재현 님"이라고 부른다. 이런 기업문화가 자리 잡으면 호칭을 통한 엄격한 상하관계가 희석되고, 그만큼 자유로운 의사소통의 여지가 생긴다고 본 것이다. 오랜 유교 전통을 갖고 있는 우리나라에서 이런 시도는 의미가 있다. 이런 문화가 사회 전반으로 퍼지는 데 얼마나 시간이 걸릴지는 모르겠지만 말이다.

요즘처럼 청년 실업이 문제시되는 때에 창업의 원동력으로 여겨지는 이스라엘의 후츠파 정신이 시사하는 바는 크다. '공시족'(공무원 시험을 준비하는 청년들)이 대세인 우리나라의 현 상황과도 비교된다. 청년이 공무원을 꿈꾸는 나라의 미래는 상상하기 어렵지 않다. 좋은 일자리가 마련되지 않는 경제 상황과 경제 침체에 한 역할을 담당한 기업가 및 정치인에 대한 이야기를 먼저 해야겠지만, 그에 못지않게 공무원 되기 풍조가 나라에 얼마나 큰 손실인지에 대해서도 짚고 넘어가지 않을 수 없다.

물론 시대가 바뀌는 만큼 사회 풍조가 바뀌는 것을 탓할 수는 없다. 최근 욜로(YOLO; You Only Live Once)족이 등장한 것도 불투명한 미래에 인생을 걸기보다 현재를 즐기며 살자는 긍정적이기도 하면서 체념적이기도 한 사고방식이 퍼졌기 때문이다. 베이비부머 세대가 나라의 경제와 조직을 정비하고 일구던 시절과는 확연히 달라진 것이다. 더 이상 '개근상'이 중요하던 때가 아니며, 아침에 일찍 일어나 논에 물꼬를 틔워주는 농업적 근면성이 요구되는 시대도 아니다. 그럼 이런 시대에 우리에게 필요한 사고방식은 무엇일까.

#31 앨버트 허버드는 1856년 미국 일리노이에서 태어나 출판 경영자이자 에세이스트로 활동했다. 그는 〈가르시아 장군에게 보내는 편지〉를 자신이 발행하는 잡지에 실은 후 대히트를 쳐 단행본으로 발행했다. 그는 1915년 유람선을 타고 가다 독일 잠수함의 공격으로 침몰해 숨졌다.

#32 이 전쟁에서 미국이 스페인을 이기고 쿠바를 식민지화했다. 미국이 담배와 사탕수수 등의 주요 산지인 쿠바에 눈독을 들이고 있다가 일부러 싸움을 걸어 반식민지로 만들었다는 음모론도 있다. 미국이 쿠바를 정치적으로 독립시켰으면서도 군정 시기를 거치면서 친미 정권을 세우고 여러 이권을 챙겼기 때문이다. 2001년 9.11 사태 이후 이슬람 테러리스트와 전쟁을 벌이면서 사로잡은 포로들을 감금해서 악명이 높아진 관타나모 기지도 쿠바에 있다. 미국은 쿠바를 점령한 직후인 1903년 관타나모에 군사기지를 세웠다.

판단을 내리기 전에 해야 할 일

앞의 질문에 대한 답을 구하려면 그저 '도전 정신을 키워라' '노오오 오력하라'라는 훈계로는 해결되지 않는다는 것을 먼저 인정해야 한다. 기성세대가 과거의 경험을 통해 얻은 지혜만으로 최근의 사안에 대해 이것은 틀렸고, 저것은 옳다고 가르치는 것은 이제 통하지 않는다. 도전하고 노력하면 무엇이든 이룰 수 있던 환경에서 일사불란하게 한 방향으로 일로매진하던 기성세대가 살던 시대와 지금은 완전히 다른 시대이기 때문이다. '맨땅에 헤딩하던' 시절에는 힘들기는 했어도 위에서 시키는 대로 하면 뭐가 됐든 이루어졌다. 조선업, 전자산업, 자동차산업 등 오늘날의 대한민국은 이런 토대 위에 세워졌다. 백지 위에 그림을 그리듯이 말이다.

지금은 그때와 조건과 환경이 크게 달라졌다. 단순 노동보다 부가가치 창출이 더 중시되는 상황이다. 이럴 때 조직 혹은 상관의 지시에 군말 없이 선뜻 나서는 로완 중위와 같은 사고방식은 오히려 뒤떨어진 사고 태도로 비쳐진다. 그렇다면 새 시대에 적합한 사고법은 어떤 것일까.

그 답으로 저술가 줄리아 갈레프Julia Galef가 2016년에 제시한 개념을 참조할 만하다. 그가 제시한 개념은 이른바 정찰병 정신scout mindset이다. 정찰병은 전장에서 전세를 '판단'하는 역할이 아니라, 전투가 실제로 어떻게 벌어지는지를 직접 목격하고 그를 상부에 보고해 정확한 전세 판단을 하도록 돕는 임무를 맡은 군인이다.

정찰병은 상황을 다각적으로 세밀하게 관찰하는 훈련을 받는다. 자신이 목격한 전장의 모습이 상부가 판단한 전황과 다를 수 있으니 사견私見을 배제하고 있는 그대로를 보고해야 한다. 자신이 본 것이 전부가 아니라는 태도도 필요하다. 전장에 있다 보면 큰 그림을 보기가 어렵기 때문이다. 그래야 상부에 정확한 정보가 전달될 수 있다.

이 점에 주목한 갈레프 교수는 "자신의 믿음을 시험하거나 생각을 바꾸는 것이 부끄러운 일이 아니라는 것을 정찰병은 체득하고 있다"고 말했다. 갈레프 교수가 이런 관점에 이르게끔 해준 것은 프랑스에서 있었던 '드레퓌스 사건'이었다.

> **유대인이라서
> 덮어쓴 누명**

사건이 불거진 것은 1894년 9월, 프랑스군 육군 정보국의 사주를 받은 주 프랑스 독일 대사관의 청소부가 찢어진 편지 한 통을 입수하면서였다. 6조각으로 찢어진 편지에는 발신인 표시나 날짜가 없었다. 수취인은 독일 대사관의 무관武官 막스 폰 슈바르츠코

펜Maximilian von Schwartzkoppen 육군 대령이었다. 이 비밀문서에는 암호명 'D'라는 글자와 함께 13개의 단어로 구성된 명세서가 적혀 있었다. 프랑스 육군의 대포 부속품에 관한 기밀이었다.

누군가 프랑스군의 기밀을 독일에 넘기고 있다고 판단한 군 정보국은 당장 필적 감정에 들어가 프랑스군 육군 포병 대위 알프레드 드레퓌스Alfred Dreyfus를 스파이로 지목했다. 당시 그는 육군 참모본부의 수습참모로 재직 중이었다.

핵심 증거는 필적밖에 없었고 편지에 쓰인 13개 단어 중 드레퓌스의 필체와 비슷한 것은 4개 단어뿐이었는데도, 군 당국은 드레퓌스를 범인으로 단정해버렸다. 필적 전문가가 반대 의견을 냈지만 받아들여지지 않았다. 드레퓌스의 집을 압수수색하고 개인 서류와 기록까지 뒤졌지만 혐의는 전혀 드러나지 않았다. 군 당국은 오히려 이런 완벽함이 그를 의심하기에 더 없는 조건이라고 판단했다. 드레퓌스가 조사받기 전에 모든 증거를 완벽히 감출 정도로 교활하다고 본 것이다.

심지어 조사관들은 드레퓌스의 학생 시절 그를 가르쳤던 교사들을 만나 기억력이 뛰어난 학생이었다는 증언도 들었다. 그들은 드레퓌스가 스파이의 자질 중 하나인 뛰어난 기억력까지 갖췄으니 더 이상 빠져나갈 구멍이 없다고 그를 몰아붙였다. 결국 드레퓌스는 1895년 1월, 반역죄로 종신형을 선고받고 프랑스령 기아나의 '악마섬'으로 유배됐다.

드레퓌스에게 전과가 있지도 않았고 그가 스파이 행위를 할

✱ 1895년 1월 13일자 〈르 프티 주르날(Le Petit Journal)〉에 실린 앙리 메예(Henri Meyer)의 〈반역자〉. 그해 1월 5일에 이루어진 드레퓌스의 군적 박탈식을 묘사한 그림이다.

만한 동기도 증거도 없었음에도, 군 당국이 집요하게 몰아간 것은 그가 유대인이었기 때문이다. 당시는 프랑스가 독일과의 전쟁(보불전쟁, 1870~1871)에서 패해 알자스 지방을 빼앗긴 뒤였다(알퐁스 도데의 《마지막 수업》이 이 시기를 배경으로 한 작품이다).[#33] 이로 인해 민족주의와 보수 세력이 득세하면서 반유대주의가 팽배해진 시기였다. 그 와중에 드레퓌스 사건이 알려지자 가톨릭교회, 보수 언론, 프랑스군 등이 일제히 드레퓌스를 비난하고 나섰다. 패배감에 젖어 있던 사회 분위기를 전환하기 위해 무언가 '희생양'이 필요했던 것이다.

군인들은 드레퓌스가 유죄를 선고받자 그를 광장으로 끌고 나가 제복의 계급장과 단추를 떼어내고 갖고 있던 칼을 무릎으로 꺾어 두 동강 내기도 했다. 이런 수모를 겪은 드레퓌스는 악마섬에 유배돼 있는 동안 자신의 무죄를 주장하는 편지를 정부에 수도 없이 보냈다. 재심도 수없이 청구했지만 프랑스 정부의 답은 없었다.

> **진실을 파헤칠 가능성을 포착하다**

1년여가 흐른 1896년 3월에 중요한 전환이 일어났다. 참모본부 정보국장 조르주 피카르Georges Picquart 중령이 정보용으로 수집된 문건을 열람하다가 정보국 내에서 '푸른 편지'라고 불리던 속달 등기우편을 우연히 목격했다. 이 편지의 수신인은 정보국 방첩대 소속 페르디낭 에스테라지Ferdinand Walsin Esterhazy 육군 소령이었다. 피카르 중령은 이 푸른 편지의 글씨체가 드레퓌스 사건의 주요 증거였던 기밀 명세서의 글씨체와 같다는 것을 알아차렸다.

그러니까 독일에 대포 기밀을 넘긴 것이 드레퓌스가 아니라 에스테라지일 가능성을 포착한 것이다. 피카르 중령은 조사 결과를 상부에 보고하고 드레퓌스 사건에 대한 재심을 요구했지만, 오히려 좌천돼 식민지였던 튀니지로 가서 근무하라는 발령을 받았다. 국방부로서는 재심을 통해 드레퓌스의 무죄가 밝혀지면 체면을 구기는 것은 물론 사건을 조작했다는 의심을 받아 줄줄이 문책을 당할 수 있으므로 사건을 덮어야 했다.

하지만 역사의 흐름은 막을 수 없었다. 피카르 중령은 튀니지로 떠나기 전에 한 변호사에게 이 사실을 전달했고, 곧이어 세상에 알려졌다. 이 와중에 《르 마탱 Le Matin》이라는 보수 신문이 드레퓌스의 혐의를 입증하겠다며 명세서의 사본을 공개하면서 전국적으로 논쟁에 불이 붙었다. 글씨체를 놓고 벌어진 논쟁으로 재심 반대파와 재심 찬성파로 갈려 전국이 소용돌이쳤다. 재심 반대파는 보수 우익 정치인들, 군부 세력, 왕정복고주의자 등이었고, 재심 찬성파는 공화주의자, 진보 지식인, 양심적 법률가와 언론이었다.

여론에 떠밀려 에스테라지는 군사재판에 회부됐다. 재판 결과는 무죄였다. 존재하지도 않는 유령 단체인 '유대인 국제비밀조직'에 대항한 공로로 영웅 대접까지 받았다. 반면 피카르 중령은 군사 기밀 누설죄로 구속됐다. 그만큼 구체제의 반격은 극심했다.

이때 군국주의와 국가주의가 만연한 사태에 충격을 받은 프랑스의 대문호 에밀 졸라 Émile Zola가 나섰다. 에밀 졸라는 1898년 1월 13일 문학신문 《로로르 L'Aurore》에 〈나는 고발한다 J'accuse…!〉라는 제목의 대통령에게 보내는 공개편지 형식의 기고문을 실었다.[34] 졸라는 여기서 드레퓌스에게 유죄 판결을 내린 첫 번째 군사재판과 에스테라지를 무죄 석방한 두 번째 군사재판을 고발했다.

"드레퓌스는 정의롭지 못한 힘에 의해 자유를 빼앗긴 평범한 시민입니다. 나는 전 프랑스 앞에서, 전 세계 앞에서 그가 무죄라고 맹세합니다. 나의 40년간의 역작, 그 역작으로 얻은 권위와 명성을 걸겠습니다. 그가 무죄가 아니라면 내 전 작품이 소멸되어도 좋습니다."

사건이 정점에 달한 것은 1898년 8월 31일이었다. 드레퓌스 사건을 조작한 사람 중 한 명인 위베르 앙리 Hubert Henry 중령이 피카르 중령을 모함하기 위해 에스테라지와 함께 조작한 증거가 거짓으로 밝혀질 즈음 자살한 것이다. 그때 에스테라지는 이미 영국으로 도망친 뒤였다(그는 죽을 때까지 프랑스로 돌아오지 않았고 프랑스 정부도 영국에 그의 송환을 요구하지 않았다).

이를 계기로 이듬해 드레퓌스에 대한 재심이 열렸다. 법원은 드레퓌스에 대한 유죄 판결이 무효라고 선언했지만 이에 근거해 열린 군사재판에서는 드레퓌스에 대해 다시 10년형을 선고했다. 끝까지 군대의 체면만 생각하는 오만한 자세에 비판 여론이 들끓었다. 결국 프랑스 정부는 드레퓌스에게 특별사면을 내렸다.

그래도 여론은 쉽게 가라앉지 않았다. 사면이란 '죄는 있으나 용서한다'는 의미이므로, 친드레퓌스파 입장에서는 이를 받아들이기 어려웠다. 죄를 지은 사실 자체가 없는데 무슨 은혜를 베푸는 듯 사면을 내리느냐는 이야기였다.

이후 1899년 친드레퓌스파가 정부를 구성함으로써 재심에 들어갔고, 1906년 7월에야 최고재판소가 드레퓌스에게 무죄를 선고하고 드레퓌스와 피카르를 복권시켰다. 프랑스 정부는 드레퓌스에게 최고의 영예로운 훈장인 레지옹 도뇌르 Légion d'honneur 훈장을 수여함으로써 사과의 뜻을 전했다. 이후 드레퓌스는 소령 계급으로 예편됐다. 훗날 1차 세계대전이 발발하자 파리 방위군 포병 참모가 되었고, 종전 후 파리에서 살다 1935년 사망했다. 피카르 중령은 대령을 건너뛰고 준장으로 진급했다가 국방장관까지 지냈다.

이 사건이 최근까지도 거론되는 것은 졸라와 같은 양심적 지식인의 행동이 왜 필요한가, 집단 광기가 가져오는 사회적 폐해는 얼마나 심각한가 등에 대한 담론을 제공하기 때문이다. 피카르 중령의 역할이 중요하기는 했으나 앞의 담론에 밀려 주목받지 못했다.

> **정보를 있는 그대로 받아들이기**

피카르 중령의 역할을 끄집어내 새로운 사고법에 대한 시각을 제시한 사람이 줄리아 갈레프였다. 갈레프는 피카르 중령이 드레퓌스 사건의 불씨를 살린 점에 주목했다. 갈레프의 관점에서는 사회를 변화시킨 원동력 역할을 한 졸라에 비해 세상에 덜 알려졌던 피카르 중령의 존재가 더 의미 있었다. 그가 없었다면 사건은 영원히 거짓 속에 묻혀 있었을 테니까 말이다.

피카르 중령이 진실을 파헤칠 수 있었던 것은 그가 유난히 양심적이거나, 반유대인운동에 반대하기 때문이 아니었다. 그 역시 사실을 알기 전에는 드레퓌스의 죄를 의심하지 않는 축에 속했고, 심지어 반유대주의적 입장에 있기도 했다. 하지만 그는 작은 사실도 놓치지 않고 포착하는 군사 훈련을 받았고, 자신의 역할에 충실히 따르는 인물이었다. 그리고 진실을 찾기 위해서라면 자신이 안다고 생각하던 것도 의심할 수 있는 용기와 신중함을 가지고 있었다.

그것은 피카르 중령이 보병장교였기 때문에 가능했다. 특히 그는 전투병이 아닌 정찰병 출신이었다. 전투병은 공격과 방어에 능숙해야 하지만, 정찰병은 본격적인 전투에 앞서 전쟁터를 답사하면서 지형이나 특징적 건물, 장애물, 적의 동태를 파악하는 데 특화된 군인이다. 즉, 전장에 대한 정보를 수집하는 것이 가장 큰 역할이다. 상부에 보고할 때는 해석이나 판단을 배제하고, 자신이 알고 있는 것조차 객관적 증거 자료가 뒷받침될 때만 유효한 정보라고 여긴다. 이는 새로운 정보가 입수되면 기존의 정보를 다시 생각해볼 줄 아는 '열린 마음'을 갖는 것을 의미한다. 피카르 중령은 훈련받은 대로 행동했다. 모두가 드레퓌스를 손가락질하는 상황에서도 새로운 정보를 접하자 다른 가능성을 받아들였다. 갈레프는 말했다.

"정찰병은 호기심을 갖는다. 그들은 자신의 믿음을 시험하는 것이 더 가치 있다고 말한다. 그리고 생각을 바꾸는 사람이 나약하다고 생각하지도 않는다. 한 인간으로서 어떤 주제의 옳고 그름에 매달리지 않는다. 그들은 '내가 틀릴 수도 있지, 하지만 그건 내가 나쁘거나 바보라는 건 아냐'라고 말한다."

갈레프가 정찰병 정신을 언급한 것은 경영학적 관점에서였다. 급격히 변하는 시장 상황에서 기업을 어떻게 효율적으로 경영할 것인가에서 출발했다.

정찰병 정신은 정치, 가족관계, 친구관계, 사회생활, 구매 결정 등에도 적용된다. 앞서 우리 선조들은 이를 좌고우면, 역지사지 등의 말로 표현했다. 넓은 의미에서 '배려'라는 말도 크게 다르지 않다. 주변을 돌아보고 자신의 의견만을 고집하지 않는다는 의미에서 그렇다.

오늘날 경쟁 사회에서 정찰병 정신이 더욱 중요해질 것임은 분명하다. 끊임없이 빠르게 변하는 세태에 적응하려면 호기심을 가지고 세상에 도전하기, 어떤 것이든 받아들이는 열린 마음 갖기, 한 가지 고정관념에 묶이지 않기와 같은 자세가 꼭 필요하다. 갈레프는 묻는다.

"여러분은 자신의 믿음을 지키는 것이 중요합니까, 아니면 가능한 한 세상을 정확히 보기를 갈망합니까?"

피카르 중령이 드레퓌스 사건을 대하면서 보인 태도 변화는 '합리적 의심'을 통한 세상 바로 보기의 과정이라고 요약할 수 있다. 그의 행동은 마치 주관이나 줏대는 합리적 의심을 거친 뒤에 가져도 늦지 않다고 말하는 듯하다. 오히려 자신의 지식과 믿음에만 의존해 만들어진 주관은 아집이나 고집, 편집偏執으로 변질되기 쉽다. 식견이 뚜렷한 어른과 지식인 중에서 고집스런 사람이 특히 많은 이유가 여기 있다.

> **카더라 통신에 휘둘리지 않는 법**

고사성어인 '삼인성호三人成虎'(세 명이 입을 모으면 호랑이도 만든다)라는 말은 여론 조작에 대한 경계라기보다, 세상사를 어떻게 읽을 것인가에 관한 지침이라고 봐야 한다. 즉, 세 명이 모여 만든 말이 진실인지 의심해보고 돌다리도 두드려가며 건너듯이 살아야 한다는 이야기다.

삼인성호는 《한비자》〈내저설內儲說〉에 나오는 이야기다. 전국시대 위나라의 방공이 태자와 함께 조나라 도읍인 한단에 인질로 가야 했다. 앞서 방공은 위나라 왕을 찾아가서 물었다. "한 사람이 시내 한복판에 호랑이가 나왔다고 하면 믿으시겠습니까?" 왕은 믿지 않는다고 했다. 이어 두 사람이 그렇게 말하면 믿겠냐고 묻자 왕은 여전히 믿지 않는다고 했다. 하지만 세 명이 그렇게 말하면 믿겠다고 말했다. 이에 방공은 자신이 조나라로 가면 세 명보다 더 많은 사람이 자신을 험담할 것이니 신경 쓰지 말아달라고 왕에게 부탁했다. 실제로 방공이 떠난 뒤 방공을 험담하는 사람이 여럿 나타났고, 방공이 돌아왔을 때 왕은 방공을 만나주지 않았다. 방공이 우려한 대로 된 것이다.

《전국책戰國策》〈진책秦策〉에 나오는 '증삼살인曾參殺人'도 같은 말이다. 여러 사람이 입을 모아 증자가 살인했다고 말하면 사실로 받아들여진다는 의미다. 증자가 노나라에 있을 때의 일이다. 가까운 곳에 증자와 이름과 성이 같은 사람이 살았다. 증자의 동명이인이 살인을 저질렀고, 이를 증자가 벌인 일이라고 오해한 사람들이 증자의 어머니에게 달려와 전했다. "증삼이 사람을 죽였습니다." 증자의 어머니는 "우리 아들은 사람을 죽이지 않습니다"라고 대답했다. 그런데 또 한 사람이 찾아와 "증삼이 사람을 죽였습니다"라고 말하고, 이어 세 번째 사람 역시 같은 말을 하자, 증자의 어머니는 담을 넘어 도망갔다. 아들을 믿는 어머니라도 세 사람이 말하니, 아들을 믿을 수 없었던 것이다.

확인되지 않은 소문이 진실인 것처럼 받아들여지는 것을 막기 위해 법조계에서는 '전문법칙 hearsay rule'이라는 논리가 통용되고 있다. 전문傳聞은 '전해 들었다'는 뜻이다. 직접 목격하거나 경험한 것이 아니라 남으로부터 전해 들은 간접증거는 정식 증거로 채택하지 않는다는 원칙이다. 배심원 재판을 기본으로 하는 영국과 미국 계통의 영미법에서 비롯된 것이지만, 독일과 프랑스를 중심으로 한 유럽의 대륙법을 주로 따르는 우리나라에서도 이 원칙을 받아들이고 있다. 남이 말한 이야기를 확인하지 않고 받아들이면 합리적 판단을 하는 데 방해가 된다고 보기 때문이다.

오늘날 우리가 가져야 할 사고법도 이와 같다. 최종 확인을 거쳐 확정된 진실을 마주하기 전까지는 끊임없이 의문을 던져야 한다. 그러기도 전에 한 가지 관점(흔히 선입견, 편견이라고 부른다)을 고수하면서, 이를 흔들리지 않는 올곧은 자세라고 말하는 것은 잘못이다. 끝내 흔들리지 않기 위해, 그 직전까지는 흔들림 속에 사는 것이 오히려 낫다.

#33 알자스 지방은 9세기에 지금의 독일과 오스트리아 등 게르만족 중심으로 꾸려진 유럽의 연합국가 신성로마제국에 복속됐다. 이후 독자적인 세력을 유지하다 17세기에 들어 프랑스의 공격을 받고 스트라스부르 등 알자스 지방의 일부가 함락됐다. 이로 인해 나머지 지역에 자리를 잡고 있던 제후국들과 프랑스 간에 긴장관계가 형성됐다. 이어 1871년 프랑크푸르트조약으로 대부분의 지역이 독일에 편입됐다가 1차 세계대전 후인 1919년 베르사유조약으로 프랑스에 합병됐다. 영토 회복에 나선 독일이 2차 세계대전 때 알자스를 다시 점령했다가 전쟁이 끝날 무렵 프랑스가 탈환했다.

알자스의 역사를 보면 비교적 근래에 와서 프랑스와 독일이 서로 땅을 뺏고 뺏기며 엎치락뒤치락했을 뿐 오랫동안 독일 땅이었다. 독일어를 쓰는 사람들이 주로 살던 지역에 프랑스 사람들이 들어가 살던 기간은 그리 길지 않았다. 이 때문에 알퐁스 도데는 작가로서 특정 시점의 이야기만 끌어냈고, 큰 흐름으로 보면 전체 역사를 반영한 것이라고 보기 어렵다는 지적이 나온다.

#34 졸라가 《로로르》에 보낸 서한의 원 제목은 "공화국 대통령 펠릭스 포르(Félix Faure) 씨에게 보내는 편지"였다. 이를 〈로로르〉 편집장이 "나는 고발한다"라는 큰 제목을 달면서 그 아래 작은 제목으로 만들었다. 이런 시도가 효과를 발휘했는지 로로르는 작은 신문사였지만, 이날 30만 부를 찍고도 모자랐다고 한다.

이후 재심 반대파들은 졸라의 기사를 거리에서 불태우고, 초상화의 목을 매달았는가 하면 유대인에게 폭력을 휘두르기도 했다. 위협을 느낀 졸라는 군부가 "군법회의를 중상모략했다"는 죄목으로 유죄 선고를 내리자 런던으로 망명했다. 그는 10년이 지나 프랑스로 귀국한 뒤 1902년 갑작스런 가스 중독 사고로 사망했다.

갈대처럼 살자

베르디Giuseppe Verdi의 오페라 〈리골레토Rigoletto〉의 아리아 중 〈여자의 마음La donna e mobile〉에는 "바람에 흔들리는 갈대와 같이 여자의 마음은 변합니다"라는 유명한 구절이 나온다. 갈대는 이처럼 '이리저리 흔들려 믿을 수 없는 사람'을 비유할 때 쓰인다. 지금이야 여성 비하 혹은 여성 혐오 발언이라고 해서 입에 올리기 어려운 표현이지만, 과거에는 그렇게 쓰였다. 그 연장선에서 오늘날 갈대는 남자든 여자든 줏대 없이 시류에 따라 맞춰 사는 부류를 뜻한다. 강건한 기개라거나 꿋꿋한 용기 혹은 뚝심과 같은 긍정적 이미지에 반대되는 부정적 이미지로 대표되는 식물인 셈이다.

그러나 연약한 이미지의 갈대가 어떻게 넓은 군락지를 형성하는가를 보면, 나약한 이미지는 그저 표상에 불과하다는 것을 알 수 있다. 어찌 보면 우리가 지향해야 할 삶의 방식도 이와 유사해야 하지 않은가 하는 생각이 든다. 왜 그런지 갈대의 생태를 들여다보자.

> **생존을 위한
갈대의 변화 전략**

일반적으로 경작지에는 한 가지 작물을 심어야 수확이 편하고 생산성도 높다. 이종異種 식물과의 경쟁이 없으니 그만큼 잘 자란다. 갈대도 그런 원리를 깨우친 식물 중 하나가 아닐까 싶다. 갈대는 줄기가 가늘어 바람에 쉽게 흔들리기 때문에 뿌리를 넓게 뻗어가는 습성이 있다. 봄철에는 하루에 10센티미터 이상 자란다. 일종의 속도전이다. 그렇게 하면 웃자란 갈대가 햇빛을 가리기 때문에 늦게 자라는 다른 식물이 일대에 발붙이지 못한다. 이렇게 해서 매년 30퍼센트 이상 군락의 규모가 커진다고 한다.

갈대는 그 연약함 때문에 초식동물의 먹잇감이 되기 쉽다. 갈대가 남에게 쉽게 먹히지 않기 위해 개발한 생존 방식은 토양에 스며들어 있는 규소 성분인 '실리카silica'를 흡수하는 것이다. 일종의 유리 가루를 빨아들여 잎사귀의 끝부분을 날카롭게 만드는 방법이다. 사람들이 맨다리로 풀숲을 걷다가 풀잎에 다리를 베이는 경우가 있는데, 바로 이 실리카 성분을 함유한 가는 이파리를 가진 잡초에 베인 것이다.

하지만 갈대에도 천적이 있으니, 바로 칠성밤나방이다. 우리나라를 포함해 동북아시아에 넓게 분포하는 이 나방은, 갈대의 줄기에 알을 낳는다. 유충이 되면 갈대 줄기와 잎을 갉아먹으면서 성충이 된다. 핵심은 잎에 실리카 성분이 충분히 올라오기 전인 어린 잎 시기에 알을 낳는 것이다. 갈대가 쑥쑥 자라는 봄이 되기 전에 선수를 치는 셈이다. 나방 유충은 줄기 속 여린 부위와 덜 자란 여린 잎을 갉아먹다가 다 먹으면 옆 갈대로 이동하면서 갈대를 쑥대밭으로 만든다. 발이 없어 도망가지도 못하는 갈대로서는 속수무책으로 당하고 있을 수밖에 없다.

그렇게 묵묵히 참고 있는 것만 같던 갈대도 2~3년 뒤에는 반격에 나선다. 나방에게 당하지 않기 위해 줄기를 가늘게 만들기 시작하는 것이다. 약 7밀리미터 이하로 가늘게 줄기를 만들면 알을 낳을 공간을 확보하지 못한 나방이 다른 곳으로 이동한다. 만약 알을 낳더라도 유충으로 나온 후에는 이미 몸집이 커져 갈대 속에 들어가 번데기가 될 수 없고, 설령 들어갔다 해도 번데기가 다 자라지 못하고 죽고 만다.

흥미로운 점은 나방 유충이 다른 갈대 군락지로 떠나고 나면 다시 줄기의 굵기를 7밀리미터 이상으로 키운다는 것이다. 나방을 피해 몸피를 줄였다가 적이 사라지고 나면 다시 몸을 키우는 방식으로 생체 구조를 바꾼다. 어떻게 줄기를 늘렸다 줄였다 하는 것인지는 알 수 없지만 적어도 나방이라는 천적에게서 살아남을 수 있는 방법임은 분명하다. 독일의 과학저술가 폴커 아르츠트Volker Arzt는 갈대의 생존법에 감탄하며 "갈대가 이렇게 '다이어트 전법'을 사용하는 걸 보면 진화의 법칙을 알고 이러는 것이 아닐까 하는 느낌이 들 정도"라고 말했다.

사실 이런 방식은 시간도 걸리지만 에너지 소모도 큰 일이다. 그런데도 갈대가 굳이 어려운 방법을 택한 것은 적에게 '불확실성'을 심어주기 위해서다. 어떤 때는 줄기가 굵어 쉽게 알을 낳을 수

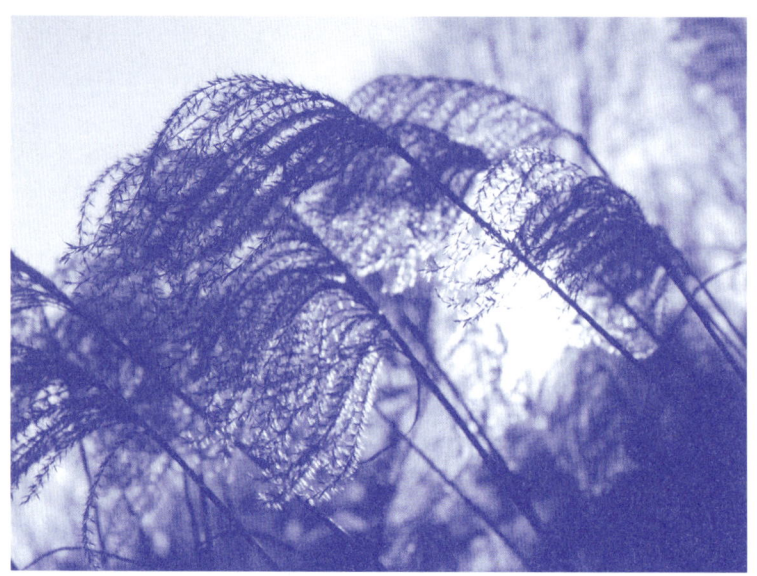

✱ 갈대의 생존법이 바로 이 시대가 필요로 하는 사고법과 맞닿아 있다.

있었는데, 곧 가늘어져 살 수 없는 상황을 나방이 이해할 수 없게 만드는 것이다. 이것이 곧 갈대의 생존법이다. 나는 상대를 알지만 상대는 나를 모르게 하는 전략이다. 이런 전략은 끊임없이 자신을 변화시키고, 극단적으로 말해 상황에 맞춰 이랬다저랬다 하는 것처럼 보일 정도의 유연함이 있어야 한다.

또한 우리는 고지식함과 같은 맥락의 원칙주의나 원리주의의 가치를 따르는 집단이 얼마나 많은 문제를 일으켰는지를 봐왔다. 앞서 설명한 관료주의가 대표적인 예다. 이를 통해 우리는 우직함, 뚝심과 같은 가치 못지않게 변신, 유연함과 같은 가치가 중요함을 알고 있다. 그런 점에서 갈대의 삶은 우리에게 경직되지 않은 사고, 포용력 있는 판단, 수용성 등이 얼마나 중요한가를 보여주고 있다.

물가의 갈대가 흔들리며 사는 데는 다 나름의 이유가 있는 법이다. 시인 도종환이 "흔들리지 않고 피는 꽃이 어디 있으랴"라고 노래했던 것과 같다. 살아남기 위해서라면 우리는 천만 번도 더 흔들리고 변화할 수 있어야 한다.

> **익숙함과의 이별**

끝으로 이 책의 시작점이자 종착점인 질문으로 돌아가보자. 우리는 어떤 방식으로 사고해야 하는가? 여기서 제시하고자 하는 답은 '익숙한 것으로부터 벗어나라'는 것이다. 알고 있던 것도 낯설게 대하라. 확신이 설 때까지 끊임없이 회의懷疑하고, 되물어라.

진정한 앎이란, 사실의 범위와 맥락의 차이를 알 때 얻을 수 있는 선물이다. 독일 종교학자 막스 뮐러Friedrich Max Müller는 이에 대해 다음과 같이 말했다.

"하나(하나의 종교를 뜻함)만 아는 것은 하나도 모르는 것과 같다."

뮐러는 종교 간 비교 연구를 통해 '종교란 무엇인가'를 탐구한 학자였다. 그리고 신학神學이 아닌 종교학이라는 새로운 학문 분야를 개척한 사람이었다. 뮐러는 진정으로 무언가를 알기 위해서는 비교 연구라는 과정이 필요하다고 생각했다. 그의 접근법은 오늘날 우리에게 자신이 알고 있는 것을 끊임없이 다른 지식, 사실과 비교하고 확인해야만 의심 없는 진실에 도달할 수 있음을 알려준다. 이를 위해서는 지금 내가 아는 것이 전부가 아닐 수 있음을 먼저 인정해야 한다.

이 작업은 영국 물리학자 아이작 뉴턴Isaac Newton이 말한 "거인의 어깨에 서서 보는If I have seen farther than others, it is because I was standing on the shoulders of giants" 방식으로 진행돼야 한다. 당시 경쟁자에게 보낸 편지에 쓰인 이 문구는, 앞서 험난한 길을 개척한 사람들의 업적을 발판으로 새로운 영역을 개척하자는 의미다. 뉴턴은 갈릴레오나 케플러Johannes Kepler와 같은 천체물리학 분야의 선배들이 이뤄낸 연구 결과를 바탕으로 만유인력의 법칙과 같은 업적을 이룰 수 있었다며 겸손함을 보였다. 그리고 앞선 선배들의 업적에 빚진 뉴턴 자신도 결국 새로운 경지를 개척한 거인이 됐다.

물론 뉴턴처럼 되기는 어렵다. 하지만 그가 올바른 사유를 위해 실천한 방식을 따라할 수는 있다. 바로 선배들의 업적을 비판적으로 흡수하기다. 아무것도 하지 않으면 아무 일도 일어나지 않는다. 그저 시간이 흐른다고 미래가 되지는 않는 법이다. 자, 이제 필자가 안내한 사유 방식으로 지적 탐험에 나설 준비가 되셨는가.

참고문헌

국내서

《가르시아 장군에게 보내는 편지》, 앨버트 허바드, 박순규 옮김, 새로운제안, 2004.
《국가란 무엇인가》, 유시민, 돌베개, 2017.
《내가 걸어온 일류국가의 길》, 리콴유, 류지호 옮김, 문학사상, 2001.
《도난당한 열정》, 윤건일, 시대의창, 2010.
《루시퍼 이펙트》, 필립 짐바르도, 임지원·이충호 옮김, 웅진지식하우스, 2007.
《미국 형사사법의 위기》, 윌리엄 스턴츠, 김한균 옮김, W미디어, 2015.
《미국의 반지성주의》, 리처드 호프스태터, 유강은 옮김, 교유서가, 2017.
《성공하는 사람들의 8번째 습관》, 스티븐 코비, 김경섭 옮김, 김영사, 2005.
《속 소련에서 돌아오다》, 〈앙드레 지드 전집 4〉, 앙드레 지드, 김붕구 옮김, 철문출판사, 1966.
《식물은 똑똑하다》, 폴커 아르츠트, 이광일 옮김, 들녘, 2013.
《악마의 사도》, 리처드 도킨스, 이한음 옮김, 바다출판사, 2015.
《역사의 원전》, 존 캐리 엮음, 김기협 옮김, 바다출판사, 2006.
《완장》(개정 4판), 윤흥길, 현대문학, 2011(1983).
《왜 법의 지배인가》, 박은정, 돌베개, 2010.
《유토피아》, 토머스 모어, 주경철 옮김, 을유문화사, 2007.
《일하지 않는 개미》, 하세가와 에이스케, 김하락 옮김, 최재천 감수, 서울문화사, 2011.
《잃어버린 시간을 찾아서》, 마르셀 프루스트, 김희영 옮김, 민음사, 2015.
《적도에 묻히다》, 우쓰미 아이코·무라이 요시노리, 역사비평사, 2012.
《진보와 그 적들》, 기 소르망, 성일권·이진홍 옮김, 문학과의식, 2003.
《창업국가》, 댄 세노르·사울 싱어, 윤종록 옮김, 다할미디어, 2010.
《침묵의 봄》, 레이첼 카슨, 김은령 옮김, 홍욱희 감수, 에코리브르, 2011.
《표현 자유의 역사》, 로버트 하그리브스, 오승훈 옮김, 시아출판사, 2006.
《후츠파로 일어서라》, 윤종록, 멀티캠퍼스하우, 2016.

외서

Alexander II: The Last Great Tsar, Edvard Radzinsky, Antonina Bouis(Translator), Free Press, 2005.

Bismarck: The Man and the statesman, Otto von Bismarck, Harper & Brothers Publishers, 1898.

Foundations of Democracy, Hans Kelsen, University of Chicago Press, 1955.

In a short history of science : Origins and Results of the scientific revolution, Doubleday Anchor books, 1959.

Regional advantage, AnnaLee Saxenian, Harvard University Press, 1994.

The God That Failed: Why Six Great Writers Rejected Communism, Arthur Koestler·Ignazio Silone·Richard Wright·Andre Gide·Louis Fischer·Stephen Spender, Bantam Books, 1959.

Willis Haviland Carrier: Father of Air Conditioning, Margaret Ingels, Country Life Press, 1952.

그 질문에
왜 아무 말도
못 했을까?

펴낸날 초판 1쇄 2018년 6월 20일

지은이 최원석

펴낸이 임호준
본부장 김소중
책임 편집 김현아 | **편집 4팀** 최재진 이한결
디자인 왕윤경 김효숙 정윤경 | **마케팅** 정영주 길보민 김혜민
경영지원 나은혜 박석호 | **IT 운영팀** 표형원 이용직 김준홍 권지선

인쇄 (주)웰컴피앤피

펴낸곳 북클라우드 | **발행처** (주)헬스조선 | **출판등록** 제2-4324호 2006년 1월 12일
주소 서울특별시 중구 세종대로 21길 30 | **전화** (02) 724-7635 | **팩스** (02) 722-9339
포스트 post.naver.com/bookcloud_official | **블로그** blog.naver.com/bookcloud_official

ⓒ 최원석, 2018

이 책은 저작권법에 따라 보호를 받는 저작물이므로 무단 전재와 무단 복제를 금지하며,
이 책 내용의 전부 또는 일부를 이용하려면 반드시 저작권자와 (주)헬스조선의 서면 동의를 받아야 합니다.
책값은 뒤표지에 있습니다. 잘못된 책은 바꾸어 드립니다.

ISBN 979-11-5846-242-0 13100

- 이 도서의 국립중앙도서관 출판예정도서목록(CIP)은 서지정보유통지원시스템 홈페이지(http://seoji.nl.go.kr)와 국가자료공동목록시스템(http://www.nl.go.kr/kolisnet)에서 이용하실 수 있습니다. (CIP제어번호: CIP2018017639)
- 북클라우드는 독자 여러분의 책에 대한 아이디어와 원고 투고를 기다리고 있습니다.
책 출간을 원하시는 분은 이메일 vbook@chosun.com으로 간단한 개요와 취지, 연락처 등을 보내주세요.

는 건강한 몸과 아름다운 삶을 생각하는 (주)헬스조선의 출판 브랜드입니다.